向所有为首都博物馆
筹建 28 年间倾力付出的人致敬！

向所有为首都博物馆
开馆 40 年来辛勤耕耘的人致敬！

首都博物馆

年鉴·2020

首都博物馆◎编

文物出版社

首都博物馆　书库
己种　第伍部
《首都博物馆年鉴·2020》

图书在版编目（CIP）数据

首都博物馆年鉴.2020/首都博物馆编.－－北京：
文物出版社，2021.9

ISBN 978-7-5010-5605-7

Ⅰ.①首… Ⅱ.①首… Ⅲ.①首都博物馆－2020－年鉴 Ⅳ.① G269.271-54

中国版本图书馆CIP数据核字 (2021) 第170267号

首都博物馆年鉴·2020

编　　者：首都博物馆

责任编辑：张晓曦
特约编辑：龚　楠
封面设计：程星涛
责任印制：王　芳

出版发行：文物出版社
地　　址：北京市东城区东直门内北小街2号楼
邮　　编：100007
网　　址：http://www.wenwu.com
经　　销：新华书店
印　　刷：北京荣宝艺品印刷有限公司
开　　本：889mm×1194mm　1/16
印　　张：14.5
版　　次：2021年9月第1版
印　　次：2021年9月第1次印刷
书　　号：ISBN 978-7-5010-5605-7
定　　价：240.00元

编写说明

1. 本年鉴收录首都博物馆当年度从 1 月 1 日～ 12 月 31 日工作各方面的资料与数据，较全面反映首都博物馆一年工作的总体情况。

2. 本年鉴内容按类编排，分为学术研究、典藏保护、陈列展示、公众服务、安全工作、网信建设、合作交流、综合管理、基层党建、东馆建设十大部分。前有全年工作概述，后有相关附录。

3. 本年鉴各类内容以时为序，客观叙述，完整连续；内容表达准确、简明，具有逻辑性，避免产生歧义；语言文字准确规范、简洁平实，所用名词、术语、符号、代号符合有关规定，做到规范统一；标题排列、图表绘制醒目、清晰、规格一致。

4. 本年鉴以文带图，图文配合。重要事件、活动、展览、会议等均配图片，图片标注名称；对于性质单一、需要罗列的内容如著作目录、文物清单、展览名录等使用表格完成，表格中按需插入图片。

5. 特定词语的使用要求。

（1）一律不用我国、我党、我局、我馆等称谓，直书国名、党名、局名、馆名；简称在首次出现时注明全称；英文缩写首次出现时标注英文全称和中文全称。

（2）单位、机构、党派一律使用全称。

（3）涉及人名时，一律直书其名，不用同志、先生、女士等称谓，必要时添加说明其身份的职务、职称、学衔等；某人的职务、职称在前一条目中出现过一次后，再次述及时不再加职务、职称而直呼其名。

（4）时间的表述应明确年、月、日，不用今年、去年、本月、目前、现在、近几个月等时间代名词；不用最近、以前、以后等不准确的时间概念，不用时间简称（如 80 年、93 年）；对于年鉴本年度内发生的事情，可以省略年份，非年鉴本年度内发生的事情，必须注明年份。

6. 语言文字使用符合《中华人民共和国国家通用语言文字法》的要求。

7. 年鉴由各相关部门人员提供基本资料，由编委会统一编辑成稿。

首都博物馆

年鉴·2020

目　录

首都博物馆
年鉴·2020

全年概述

2020年是极不平凡的一年，在"十三五"规划圆满收官之时，面对突如其来的新冠肺炎疫情，党委坚强领导、履职尽责，全馆同仁团结一致、砥砺前行，实现科学防疫和事业发展"两手抓、两促进"，完成了年度各项既定工作任务，在抗疫之年保持了全员"零感染"。

一、党委坚持以政治建设为统领，确保疫情防控和开放服务安全

及时学习贯彻习近平总书记和中央关于防疫工作的指示精神，坚决落实全市防疫工作要求，落实"四方责任"。疫情期间坚持按照《首都博物馆党委议事决策规则》落实"三重一大"民主决策，全年共召开37次党委会、16次馆长办公会和42次专题会，进一步提升全馆决策的科学化规范化水平。严格执行防控方案和应急预案，有效封闭管理，确保防疫责任落实、工作落实，确保全馆疫情防控"零死角"和全体工作人员保持"零感染"。全年受疫情影响闭馆98天，5月1日起有序恢复开放，累计开放235天，延时开放21场次，通过限流、预约等措施，接待观众297015人次。

本着少把隐患问题留给"十四五"的原则，克服资金紧张、工程难度大等不利因素，完成东广场安全隐患整改项目，彻底解决了东广场地面塌陷、地下空间渗水等问题，消除了存在多年的重大安全隐患。加强安全设施和后勤保障运行管理，物业综合管理水平和对外包服务的监管调度能力显著提高，保障了抗疫闭馆期间场馆安全稳定运行，成为有序恢复开放的重要保障。全年开展防疫、消防、处突等相关安全培训、演练50余次，通过安全检查发现并整改安全隐患20余项。完成网络安全设备更新、配备数字安全证书等项目，实现了对现有网络系统的安全加固，有效预防潜在的各种高危漏洞和安全威胁。

二、以规范化建设为抓手，持续推进"不忘初心、牢记使命"主题教育常态化、制度化

党委把提高理论水平摆放在突出位置，发挥理论学习中心组带头作用，全年集中组织各类学习研讨20次，并将部分学习范围扩大至中层干部及相关人员，达到提升队伍整体理论素质的目的。结合抗疫动员和网络办公学习，组织了由90余名全馆各方面骨干组成的中心组扩大学习微信群，随时组织学习，分享学习心得。以党支部规范化建设为抓手，进一步规范了党员学习教育、党员日常管理、"三会一课""主题党日活动"等工作，带动民主生活会、组织生活会和民主评议党员、支部换届的规范化建设水平迈上新台阶。

在规范化建设的前提下，党委根据北京市文物局统一部署，积极开展党建引领"三个一"活动，在深入动员的基础上，对活动的背景、内容和重大意义进行了全面解读，将"规范化、庄重感、全覆盖、增活力、见实效"贯穿于活动始末。在

党支部规范化建设的基础上，全面落实《部门规范化建设导则（试行）》，全力推进部门班子建设和部门规范化建设，中层干部队伍政治上愈发成熟，各部门主要负责人发挥了中坚骨干作用，各支部书记抓党建工作水平稳步提高，广大员工政治意识和大局意识得到加强。党委要求两级班子严格执行《首都博物馆党政班子六项规定》和《首都博物馆部门班子六项规定》，为全体干部、党员和全馆员工做好标杆，为在首都博物馆落实全面从严治党向全体党员和全馆员工亮明态度。

三、强化意识形态阵地，提升公众服务品质，擦亮展览、社教、文创品牌

党委将支部作为意识形态工作的前沿阵地，将意识形态工作与部门规范化建设、支部规范化建设有机结合，常抓不懈。各支部结合自身建设将具体任务分解到各业务归口，分析每项业务中的意识形态风险点，防范漏洞，切实做到层层把关、人人负责到位。

全年举办展览 9 个，其中"1420：从南京到北京"入选国家文物局"弘扬优秀传统文化 培育社会主义核心价值观"重点展览推介项目；"文物的时空漫游——腾讯'互联网＋中华文明'数字体验展"在总结提炼"首博展览"品牌价值同时，探索"十四五"时期数字化手段全面融入陈列艺术的呈现方式；为扩大"首博展览"影响力，在新疆和田地区博物馆举办"读城——大美北京"展，助力脱贫攻坚，落实文化润疆；在北京市政协委员文化交流厅举办"马可·波罗笔下的'树皮'和'偶像'——首都博物馆馆藏元代货币及藏传佛教造像艺术展"，助力统战工作，成为市政协委员的学习空间。全面贯彻落实习近平总书记视察首博重要指示精神，策划"伟大征程——庆祝中国共产党成立 100 周年特展"，带动全员高站位、守初心、担使命。

在疫情防控常态化前提下，举办专题学术讲座和面向观众的科普、文化讲座，完成 9 种书刊的出版工作。中英文网站总访问量和页面浏览量再创新高，在疫情期间发挥了对外传播的重要作用，成为展现中国制度、中国博物馆和中国博物馆人的重要窗口。因疫情闭馆期间，拓展线上服务，官方微信开设"首博电台"栏目持续传播文博知识；恢复开馆后，举办各类社教活动 383 场。探索推动馆属企业改革工作和调度馆内资源与社会资源对接，从健全管理制度、规范企业监管程序入手，拓宽发展渠道，挖掘发展势能，年内开发 44 种文创衍生品，先后在多个重要展会上亮相展出并获得好评。

四、创新工作模式，保障业务工作有序开展

疫情闭馆期间，党政班子坚持利用网络会议集体会商、民主决策，保障防疫精神迅速传达落实和场馆基本运行平稳。全馆员工居家办公，利用网络开展日常工作，最大限度降低疫情带来的不利影响。

班子成员带头开展疫情期间居家科研工作，全馆员工共完成学术科研论文、工作思考 200 余篇，集结出版《首都博物馆论丛 2020 专辑》。修订《首都博物馆科研管理办法》，开展"十三五"期间学术成果评比，共评出"年度学术成果奖"1项、"优秀学术成果奖"6 项、"科研进步奖"5 项、"科研合作奖"3 项，对鼓励科研与工作结合、科研成果向工作实际转化起到重要引导作用。10 位专业技术人员获评市文物局 2020 ～ 2025 年度学术带头人。《博物院》杂志全年出刊 6 期，共刊发论文 113 篇，推出"博物馆与公共事件"专题，体现博物馆人积极抗疫的社会责任与人文情怀，社会反响热烈。

以房山新库区建设为抓手，将昌平十三陵库房、房山琉璃河库房、房山良乡库房、大兴西红门库房、大兴榆垡大藏经版库房等五个馆

外库房的文物及配套资产搬迁至新库区,并完成上架、整理工作,共计搬迁包括一级文物清乾隆大藏经版在内的文物藏品 13831 件(套)(94451件),首次实现馆外藏品与物资集中统一管理。配合展览完成修复馆藏文物及馆外文物工作,闭馆期间通过网络远程监控馆内文物保存环境,确保文物安全。

全年与国内多家单位签订战略合作协议共计 12 份。在和田地区博物馆和里耶古城(秦简)博物馆设立首都博物馆分馆,助力中西部少数民族地区文博事业发展,把"文化润疆"和"精准扶贫"国家战略落到实处。全年完成外事接待活动 11 次,接待重要外宾 114 人次。受邀参加卢森堡、波兰、意大利等国驻华大使馆活动。与俄罗斯莫斯科市博物馆签署合作备忘录,将全球友馆扩大到 22 家。在传统节日春节期间,联合友馆共同开展网上送祝福活动,利用视频方式向全世界博物馆同仁和博物馆观众送出来自中国北京的新春祝福。疫情期间通过邮件形式向各友馆发出慰问信,传达首博人的善意与关怀,得到众多友馆反馈,增进了彼此互信和友谊。

五、克服疫情不利影响,保质保量完成年度首都博物馆东馆建设任务

《项目建议书(代可研报告)》经北京市政府常务会议审议通过,并经北京市发展和改革委员会正式批复,投资估算为 17.33 亿元;完成开办运维费编制工作,获北京市财政局批复;《首都博物馆本馆与东馆展陈体系方案》获北京市委宣传部批准;制定《首都博物馆东馆建设项目廉政风险防控实施方案》并严格执行。全年召开与东馆建设相关的党委会及专题会 30 余次,会同代建单位、设计单位、馆内相关部门召开工作会 80余次;启动东馆展览陈列大纲编写工作,组建财务工作、展陈建设、信息化建设、文保建设、基础设施与运营建设、观众服务与安全建设六个专项工作组,确保东馆建设相关工作任务有序开展。完成初步设计及深化工作,同步推进施工图设计及内装设计工作;完成土护降工程,主体结构工程完成监理、总包招标,主体工程完成 40%。

六、确保"十三五"收官和开展"十四五"规划研究

党政班子带领各部门对照"十三五"规划和三年行动计划(2018～2020 年)形成部门评估报告。在市文物局党组的关心和支持下,联合国务院发展研究中心东方文化与城市发展研究所,以首都博物馆为个案进行博物馆对城市经济社会贡献度实证研究,形成《首都博物馆对北京城市发展贡献度评估》专题报告。研究显示,2015～2019 年首都博物馆为全市创造旅游收入贡献城市 GDP 分别为 6.4、8.73、7.94、8.63、8.42 亿元,五年创造直接就业岗位 2374 个,带动就业岗位8063 个。

认真学习领会十九届五中全会精神,研究上位规划,分析形势目标,启动"十四五"规划研究工作,成立"十四五"规划起草小组并组建"十四五"规划与发展研究工作专班。

七、总结与展望

2020 年是"十三五"规划收官之年,也是"十四五"规划开局之年;是"两个一百年"的历史交汇期,也是开启全面建设社会主义现代化国家新征程的第一个五年规划。同时,首都博物馆将迎来建馆四十周年以及东馆的落成。我们要持续实施在"十三五"规划中确定的六大战略,认真完成好部门三年行动计划设定的工作目标;秉承勤奋务实、开拓进取的工作态度,紧锣密鼓推进首都博物馆东馆建设;开阔视野,增长见闻,将多领域知识融会贯通,为"十四五"建设做好开局,为新的博物馆建设事业贡献力量。

首都博物馆
年鉴·2020

一

学术研究

受疫情的影响，全馆学术科研工作及时调整方向，在馆党委的统一领导和全体员工的支持下，全馆学术科研工作稳步推进。为保障疫情防控期间工作安排及复工复产后学术科研工作的有序衔接，学术委员会转变思路、克服困难、积极谋划，全面落实北京市文物局的科研工作部署，开展居家科研工作，协助中国博物馆协会完成大百科词条中北京（地区）44 个博物馆词条的统筹编写；修订馆内科研成果奖励办法，完善学术科研制度；组织课题申报、成果推优与评选；推选学术带头人，编选首都博物馆论丛与年鉴等多项工作，完成"北京市文物局十三五期间科研成果展"的组织工作。

在全馆通力配合下，顺利完成全年学术研究工作的各项计划任务，并为"十四五"期间学术研究工作积累了宝贵经验。馆内人员全年在各类刊物上发表学术论文 131 篇，完成课题 6 项，获得专利 2 项，出版书刊 9 种；配合展览活动举办讲座 7 场，组织业务人员开展"蓟下博谈·公众课堂"系列讲座 35 场。

（一）学术交流

1.学术研讨会

8 月 31 日～ 9 月 2 日，由北京市文物局法制处（科研处）主办、局属各单位承办、局图书资料中心协办的"北京市文物局十三五期间科研成果展"在首都博物馆展出。展览精选了"十三五"期间局属各单位的优秀科研成果，意在提升文博从业人员的学术自觉、文化自信，同时引导、启发大家开展更深入的学术研究。

9 月 25 ～ 26 日，由北京市文物局指导、北京联合大学北京学研究基地与首都博物馆共同主办的"北京中轴线内涵挖掘与文脉传承——第二十二次北京学学术年会"在北京联合大学召开，馆长韩战明、信息部张全礼、办公室张靓参加会议，发表学术论文 2 篇，并获得优秀论文奖。

9 月 30 日,配合文化润疆工作和"读城——大美北京"展览的举办，首都博物馆"读城"巡展项目研讨会在新疆和田召开。过去三年中，"读

"北京市文物局十三五期间科研成果展"现场

首都博物馆"读城"巡展项目研讨会

馆领导和馆内员工参观学习科研成果

城"项目已在新疆哈密、吐鲁番、石河子、伊犁、克拉玛依等地完成巡展，为系统回顾巡展历程，总结工作经验，邀请来自上述地区的博物馆馆长及自治区文化和旅游厅领导出席会议，回溯首都博物馆与新疆五地博物馆的交流合作，探讨持续深入合作的有效机制。北京市文物局局长陈名杰在总结讲话中强调，"读城"巡展新疆意义重大、特色鲜明、前景广阔，首都博物馆与新疆文博同行进一步扩大合作，将会持续推动文化润疆走实走深。

10月24日，"明清之际外销瓷研究"学术研讨会在中国国家博物馆召开。会议旨在为国内外古陶瓷研究领域的学者提供展示、交流古代外销瓷研究新成果和新观点的学术平台，推进中国古代陶瓷器研究向更加深远和广博的层次发展。学术委员会秘书长龙霄飞、信息部裴亚静参加会议并分别做专题发言。

11月23日，由故宫博物院、中国文物保护技术协会、中国紫禁城学会、北京故宫文物保护基金会联合主办的"第一届文化遗产保护青年学者论坛"在故宫博物院举行。保护部何秋菊在会上做主题报告，其研究成果《传统书画修复材料胶矾水的作用机理及中性铝盐施胶沉淀剂的研发》获得优秀论文三等奖。

张全礼（左二）、张靓（右一）参加"北京中轴线内涵挖掘与文脉传承——第二十二次北京学学术年会"并获"优秀论文奖"

专业技术人员参加学术交流活动情况一览表

序号	会议题目	会议时间及地点	会议主题	参会人员	发言题目
1	赋能·重构——2020智慧博物馆创新论坛	9月20～22日 长春	交流推广全国智慧博物馆建设的成功经验，探索解决建设实践中出现的问题，展示全国智慧博物馆建设者顺应技术创新新要求、应对疫情新挑战、探索博物馆运营新模式的丰硕成果	孙芮英	
2	北京中轴线内涵挖掘与文脉传承——第二十二次北京学学术年会	9月25～26日 北京联合大学	北京中轴线内涵挖掘与文脉传承	韩战明 张全礼 张　靓	中国古代方形城邑与中轴线的起源探析——以中国新石器时代城邑为例（张全礼） 世界历史名城的中轴线——关于罗马、巴黎、北京的国际比较（张靓，第二作者）
3	"读城"项目新疆地区博物馆研讨会	9月30日 和田	"读城"新疆地区巡展工作研讨	白　杰 杨丹丹	
4	"明清之际外销瓷研究"学术研讨会	10月24日 中国国家博物馆	为国内外古陶瓷研究领域的学者提供展示、交流古代外销瓷研究新成果和新观点的学术平台，推进中国古代陶瓷器研究向更加深远和广博的层次发展	龙霄飞 裴亚静	关于外销瓷概念及相关问题的梳理（龙霄飞） 沉船出水——康熙时期景德镇外销瓷及欧洲定制瓷举隅（裴亚静）
5	大运河博物馆联盟研讨会	11月14日 南京博物院	大运河博物馆联盟相关事宜	韩战明 杨丹丹	
6	第一届文化遗产保护青年学者论坛	11月23日 故宫博物院	创新驱动下的文化遗产保护技术与实践	何秋菊	传统书画修复材料胶矾水的作用机理及中性铝盐施胶沉淀剂的研发
7	浙江省博物馆之江馆区少儿探索馆陈列设计咨询会	12月10日 浙江省博物馆	浙江省博之江馆区少儿探索馆陈列设计咨询	杨丹丹	

2. 讲座与培训

在推出一系列精品展览的同时，配合展览举办相关专题讲座，帮助观众深入理解展览内容，鉴赏文物展品，拓展文史知识，增强展览的展示与宣传效果。年内配合"读城——探秘北京中轴线"展举办专题讲座7场。

"蓟下博谈·公众课堂"是2018年启动的面向社会公众的文化知识教育服务项目，以首都博物馆专业技术人员为主要力量，发挥其专业优势，结合自身工作经验，为公众讲授北京历史、文物及博物馆学基础知识。讲座内容及人员由学术委员会秘书处统一规划和安排。8月，该活动由首都博物馆与石景山区文化委员会在石景山区文化中心共同举办。

此外，从博物馆工作实际出发，针对博物馆业务举办相关培训，以提高从业人员职业素养和业务水平。

（1）展览专题讲座一览表

序号	讲座题目	主讲人	主讲人单位	时间	地点
1	古都北京中轴线历史内涵、传统文化精髓是什么	刘庆柱	中国社会科学院考古研究所	9月12日	首都博物馆地下一层多功能厅
2	走进故宫——紫禁城传统文化内涵解析	任万平	故宫博物院	9月19日	首都博物馆地下一层多功能厅
3	北京中轴线是什么	朱祖希	北京地理学会	9月26日	首都博物馆地下一层多功能厅
4	北京坛庙建筑格局的形成和发展	张敏	北京古代建筑博物馆	10月10日	首都博物馆地下一层多功能厅
5	北京中轴线世界遗产价值的再认识	吕舟	清华大学国家遗产中心	10月17日	首都博物馆地下一层多功能厅
6	正阳文化的发掘和活化利用	关战修	北京正阳门管理处	10月25日	首都博物馆地下一层多功能厅
7	中轴线上的历史建筑	李建平	北京史研究会	10月31日	首都博物馆地下一层多功能厅

（2）"蓟下博谈·公众课堂"系列讲座一览表

序号	讲座题目	主讲人	时间	地点
1	北京的青铜时代	冯好	8月15日	石景山区文化中心
2	渔阳鼙鼓动地来——汉唐时期的北京	李梅	8月21日	石景山区文化中心
3	金台千古帝王家——再谈北京成为都城的原因	谭晓玲	8月22日	石景山区文化中心

序号	讲座题目	主讲人	时间	地点
4	清代白银、铜钱是如何流通的	王显国	8月28日	石景山区文化中心
5	北京历史文化的多元与包容	张　杰	8月29日	石景山区文化中心
6	皇家气象——北京地区藏传佛教艺术中的宫廷风格	刘　丞	9月4日	石景山区文化中心
7	元瓷之珍——北京地区出土元代瓷器	龙霄飞	9月5日	石景山区文化中心
8	北京地区出土的明代瓷器	裴亚静	9月11日	石景山区文化中心
9	日下吉金——北京地区出土商周青铜器赏析	于力凡	9月12日	石景山区文化中心
10	北京地区清代贵族墓葬出土玉器赏鉴	闫　娟	9月18日	石景山区文化中心
11	龙凤辨微：从馆藏金银器上的龙凤纹饰看明代宫廷的等级规制	柳　彤	9月19日	石景山区文化中心
12	掩华如不发，含熏未肯然——从北京地区出土或发现的香具文物管窥古代焚香文化	李　健	9月25日	石景山区文化中心
13	十指春风——传统刺绣针法介绍	傅　萌	9月26日	石景山区文化中心
14	燕云十六州	高红清	10月2日	石景山区文化中心
15	聊聊城池那点事儿——从北京的城池说起	王新迎	10月3日	石景山区文化中心
16	北京历史文化发展的轨迹与特点	唐国尧	10月9日	石景山区文化中心
17	清代北京——兼谈北京发展基本脉络	齐　玫	10月10日	石景山区文化中心
18	芭蕉书屋图：齐白石的漂泊诗心	李文琪	10月16日	石景山区文化中心
19	博物馆中的纸质历史文献——以首都博物馆馆藏契约为例	杜　翔	10月17日	石景山区文化中心
20	石景山老山汉墓考古发掘	王武钰	10月23日	石景山区文化中心
21	博物馆中文物色彩的奥秘	何秋菊	10月24日	石景山区文化中心
22	中国书画装潢的形制与起源	范胜利	10月30日	石景山区文化中心
23	纸质文物来源及科技分析浅析	武望婷	10月31日	石景山区文化中心
24	有图必有意——古陶瓷上的中国故事	龙霄飞	11月7日	石景山区文化中心

序号	讲座题目	主讲人	时间	地点
25	从科技角度谈文物	赵瑞廷	11月8日	石景山区文化中心
26	中国共产党领导的北平周边抗日根据地创建及活动评述	刘 高	11月14日	石景山区文化中心
27	匠心独运——展览策划之我谈	谭晓玲	11月15日	石景山区文化中心
28	小胡同 大金融——北京城与"钱"有关的胡同	王显国	11月21日	石景山区文化中心
29	中国古代佛教造像艺术的风格演变	刘 丞	11月22日	石景山区文化中心
30	龙行天下——钱币上的龙文化	柳 彤	11月28日	石景山区文化中心
31	从神坛走向人间——中国装饰艺术发展概述	张 杰	11月29日	石景山区文化中心
32	尼泊尔工匠阿尼哥与北京妙应寺白塔	黄春和	12月5日	石景山区文化中心
33	中国古代铜镜鉴赏	李 健	12月6日	石景山区文化中心
34	常见玉料辨识及古代玉器用料特点	闫 娟	12月12日	石景山区文化中心
35	生物技术在有机质文物保护中的应用探究	闫 丽	12月13日	石景山区文化中心

（3）博物馆业务培训讲座一览表

序号	讲座题目	主讲人	时间	地点
1	读城——博物馆青少年教育创新之道	杨丹丹	2020年3月	线上
2	博物馆教育品牌培植与传播策略	杨丹丹	2020年4月	线上
3	首博新、老志愿者返岗培训	谢海龙	10月13～16日	首都博物馆地下一层M展厅
4	博物馆文化志愿服务与管理	杨丹丹	12月29日	线上

（二）编辑出版

持续推进首博八大书系建设及数字出版项目的宣传推广，克服疫情影响、人员借调等困难，

完成全年既定出版任务，包括"首博特展"系列:《锦绣中华——古代丝织品文化展》《穿越——浙江历史文化展》《1420:从南京到北京》《器作匠心——中国当代陶瓷艺术展》;"首博史志"系列:《首

都博物馆年鉴·2019》；"首博论丛"系列：《首都博物馆论丛 2020 专辑》（总第 34 辑），共计 6 种。双月刊《博物院》全年共推出 6 期。

《极简北京史》英文版的编辑出版工作在 2019 年的基础上继续进行，年内完成翻译初稿，中译英共约 1.3 万字，并进行了一审内容校对及英文版序言的改写和翻译。为确保译文流畅，表达准确，有可读性，翻译工作参考了北京史地、考古、文学类书籍，特别是城池史的相关著作，对部分与古代城市相关的专有名词进行系统性研究，并确定译法。此外，还对中文版引用的英文文献进行译文还原，在原初的文献来源中找到对应内容。与出版社进行工作对接，推进后续正文审校和地图翻译事宜。

出版学术著作、图录、刊物一览表

序号	书籍／刊物名称	作者	出版社	出版时间
1	穿越——浙江历史文化展	首都博物馆	北京出版社	2020 年 1 月
2	锦绣中华——古代丝织品文化展	首都博物馆	科学出版社	2020 年 4 月
3	1420：从南京到北京	首都博物馆	北京燕山出版社	2020 年 8 月
4	器作匠心——中国当代陶瓷艺术展	首都博物馆	北京出版社	2020 年 9 月
5	首都博物馆年鉴·2019	首都博物馆	文物出版社	2020 年 9 月
6	首都博物馆论丛 2020 专辑（总第 34 辑）	首都博物馆	北京燕山出版社	2020 年 12 月
7	渎山大玉海科技检测与研究	于 平（主编）	科学出版社	2020 年 11 月
8	金属文物修复工艺学	周 华 姚启东 倪 炎	文物出版社	2020 年 8 月
9	博物院（双月刊）		科学出版社	2020 年

（三）推荐与申报北京市文物局学术带头人

8 月，组织开展北京市文物局学术带头人推荐与申报工作。根据全市文物博物馆事业发展需要及首都博物馆实际工作安排，经馆党委会同意，学术委员会从人员、研究领域、技术级别、研究成果等多方面进行考量，推荐 10 人代表首都博物馆作为北京市文物局学术带头人，他们是：黄春和（佛教文物研究）、杨丹丹（博物馆教育及传播推广研究）、裴亚静（古代瓷器研究、博物馆图书出版研究）、赵瑞廷（文物科技保护研究）、龙霄飞（古陶瓷、北京史、博物馆研究）、谭晓玲（北京史、博物馆学研究）、冯好（历史与文物、博物馆学研究）、何海平（文物科技保护研究）、武望婷（文物科技保护研究）、李梅（博物馆学、汉唐北京史、古代家具、陶瓷器研究）。

获评北京市文物局学术带头人一览表

姓名	专业方向	个人简介	研究成果
黄春和	佛教文物研究	男，汉族，1965年生，大学学士，毕业于中国佛学院，长期从事佛教文物、印度与汉传及藏传佛教造像、绘画、建筑、法器、经籍等研究。侧重藏传佛教造像艺术、西藏唐卡艺术和元代宫廷造像艺术等方面的专题研究。首席研究员、学术委员会委员、研究馆员	出版《西藏丹萨替寺历史研究》《金色如来——水月轩藏金铜佛像》《大漠圣莲——一世哲布尊丹巴开创的蒙古佛像典范》等多部学术专著。发表多篇丹萨替寺历史和造像艺术研究文章。2007年以来，发表了多篇西藏唐卡艺术研究专题文章，就唐卡艺术的发展历史、形式与绘制、题材与构图、颜料与色彩、流派与风格等内容进行了全面探讨。自2014年开始研究元代宫廷造像艺术，已发表多篇专题研究文章
杨丹丹	博物馆教育及传播推广研究	女，汉族，1967年生，本科，毕业于中共中央党校经济管理专业，研究方向为博物馆公共关系、公共教育和公众服务。党委委员、新闻发言人、宣教部负责人、学术委员会委员、研究馆员	主持编写《博物馆教育新视阈》《博物馆与儿童教育》《魅力北京·百场讲述集锦》等多本博物馆社教类书籍，发表《博物馆"大社教"理念的多元探索》《思维导图视角下的博物馆教育理念和实践创新再探讨》等多篇学术文章。策划推出集系列教育活动为一体的互动式展览"读城"，该项目及系列教育课程先后被中国博物馆协会评选为十佳博物馆教育案例、2015～2019年度博物馆研学课程及线路推介活动最佳课程（历史类）和最佳线路
裴亚静	古代瓷器研究、博物馆图书出版研究	女，汉族，1969年生，硕士，毕业于北京大学考古系考古专业，研究方向为中国古陶瓷。主要从事图书编辑、展览大纲撰写及对讲解员和志愿者的瓷器培训课程。信息部首席研究员、学术委员会委员、研究馆员	发表《唐宋时期的定窑茶具探析》《从17~18世纪几艘沉船出水的中国茶具看茶文化在欧洲的传播》《乾隆皇帝与龙井茶的渊源——从馆藏〈龙井八咏〉说起》《宋元景德镇窑系青白釉瓷器的分期》《中国清代外销瓷中的"采樱桃图"源流探索》等多篇学术文章，编辑出版《古代瓷器艺术精品展》等多部图书、图录

姓名	专业方向	个人简介	研究成果
赵瑞廷	文物科技保护研究	男，汉族，1969年生，硕士，毕业于中国科学院自然科学史研究所，主要从事文物科技保护与研究。保护部主任、学术委员会委员、研究馆员	出版《博物馆文物保护科技实验室建设与研究——以首都博物馆为例》《中国出土古玉无损科技检测研究》《渎山大玉海科技检测与研究》，发表《康熙、雍正彩色瓷彩釉成色机理及施釉工艺》《新冠肺炎疫情背景下关于博物馆使用消毒剂的思考》等多篇学术文章，先后参与北京市科委"中国古代丝织品保护研究""中国古代纺织品保护——再现消失的记忆"等课题的研究工作
龙霄飞	古陶瓷、北京史、博物馆研究	男，汉族，1970年生，大学学士，毕业于北京联合大学文理学院历史系文物博物馆专业，研究方向为历史文物、北京史地以及博物馆展览、数字化应用，以古陶瓷研究与鉴定为专业方向。党委委员、学术委员会秘书长、研究馆员	出版《古陶瓷个案研究》《北京皇宫御苑的佛寺与佛堂》《神灵与苍生的感应场——古代坛庙》（合著）、《华夏文明的核心——古代都城》（北京部分）、《北京的宫殿坛庙与胡同》（合著）、《帝都赫赫人神居——宫殿坛庙胡同王府四合院》（坛庙部分）、《符号中国·文化遗产卷（物质·下）》（合著）、《博物馆工作规范（试行）》（信息化部分），发表专业论文60余篇，主编《首都博物馆论丛》《首都博物馆年鉴》
谭晓玲	北京史、博物馆学研究	女，汉族，1971年生，博士，毕业于南开大学中国古代史专业，研究方向为元史、北京史。主要从事展览策划与设计、展览大纲撰写等工作。国内部主任、学术委员会委员、研究馆员	发表《金台千古帝王家——再论古代北京成为都城的原因》《白山·黑水·海东青——纪念金中都建都860周年特展介绍》《通古斯族的历程——从湖畔渔歌到中原礼乐》等多篇学术文章，完成"古都北京·历史文化篇"（辽金元部分）、"青花的记忆——元代青花瓷文化展""地域一体·文化一脉——京津冀历史文化展"等展览的大纲撰写工作，主持策划"胸中丘壑——溥心畬、萧愻绘画联展"等展览，完成《历史视野里的京津冀一体化》一书的撰写
冯好	历史与文物、博物馆学研究	男，汉族，1974年生，博士，毕业于南开大学考古学与博物馆学专业，研究方向为商周历史考古、北京史、博物馆学。藏品部负责人、学术委员会委员、研究馆员	发表、出版《再赏新干大洋洲出土的青铜兵器与农具》《从妇好墓管窥商代王后的生活》等论文、科普文章及展览图录四十余篇（册），负责策划、设计"王后·母亲·女将——纪念殷墟妇好墓考古发掘四十周年特展"等馆内外40余项展览。主持"京张铁路百年工业遗产调查与研究"等多项课题。作为副主编参与出版《首都博物馆珍品集萃·第一辑》，作为编委出版《中国出土青铜器全集（北京、天津、内蒙古卷）》，并撰写绪论《北京、天津、内蒙古出土青铜器概述》（北京部分）

姓名	专业方向	个人简介	研究成果
何海平	文物科技保护研究	男，汉族，1976年生，博士，毕业于北京科技大学科学技术史专业，北京大学考古文博学院博士后。主要从事铁质文物脱盐清洗及封护研究、文物保存环境研究、石质文物保护研究、古书画科学分析及保护研究、金银器保护研究。保护部专业技术人员、学术委员会委员、研究馆员	出版专著《北京孔庙进士题名碑病害及防治技术研究》，与他人合著《铁质文物脱盐清洗及封护研究》《文物养护工作手册》《河北滦平博物馆金属文物修复报告》《金石杂项类文物修复》《历代文物艺术品收藏保养知识手册》《首都博物馆书画科学鉴定研究》等，发表《首都博物馆文物保存环境监控简述》《物联网技术在文物温湿度环境监控领域的应用》等论文40余篇
武望婷	文物科技保护研究	女，汉族，1978年生，博士，毕业于西北大学化学专业，研究方向为文物科技保护，主要从事有机质文物科技保护研究、有害微生物的鉴定和防治。保护部专业技术人员、学术委员会委员、研究馆员	出版《博物馆空气微生物统计分析及防治》《首都博物馆书画科学鉴定研究》，发表《光谱在书画鉴定中的应用研究——以清代司马钟〈芭蕉仙鹤图〉为例》《首都博物馆藏无款画虎图轴分析》《新疆尼雅95MN I M3号墓出土丝绵锦袍病害机理研究》等多篇博物馆文物保护修复类学术论文，获得国家专利4项。负责"中国古代丝织品保护研究""博物馆环境检测关键技术研究""古书画揭裱保护研究"等多项课题
李 梅	博物馆学、汉唐北京史、古代家具、陶瓷器研究	女，汉族，1978年生，硕士，毕业于吉林大学考古学系。研究方向为博物馆学、北京史、古代家具、古代陶瓷。主要从事展览内容设计、展览项目管理、器物等方面的研究。藏品部保管员、学术委员会委员、研究馆员	出版《精工细作——北京明清家具赏析与研究》，发表《试析博物馆展览解析体系》《从公众服务看智慧博物馆建设》等学术论文50余篇，负责多项展览的策划管理及展览大纲的设计、编写等工作

（四）申报北京市文物局"一对一"科研帮带课题

8月，积极落实北京市文物局学术带头人工作通知要求，从全局科研人员队伍建设与科研人才培养为出发点，以博物馆业务研究工作为基础，从本馆实际工作出发，开展北京市文物局"一对一"科研帮带课题申报工作。最终本馆10位带头人的课题获得了北京市文物局批准，将开展为期1年的学术科研帮带工作。

（五）科研项目

2020年是"十三五"与"十四五"的承启之年，围绕北京历史文化、北京城市副中心博物馆的建设等重大工作与部署，首都博物馆学术研究工作继续深化内部建设，在北京历史、北京地区文物、博物馆的展示传播与教育等方面开展专业研究。从专业角度深挖北京文化的内涵，为北京"四个中心"建设和"四个服务"助力。同时，为做好首都博物馆人才培养与储备工作，鼓励馆内人员申请并推送专业人员参与各级别课题，确保首都博物馆科研项目总体工作稳步向前。在丰富、完善北京历史文化研究体系过程中，实现以课题、项目研究带动人才培养，以人才建设推动学术研究发展。"十三五"期间，已完成的课题取得多项国家专利。在防控新冠疫情的同时又相继开展、参与了多项课题研究。

1. 首都博物馆文物保护工作机制与模式探索

1月，向北京市文物局申请"首都博物馆文物保护工作机制与模式探索"课题并获通过。该项目由北京市文物局副局长、首都博物馆党委书记白杰牵头，保护部承担主要工作。该项目旨在落实京津冀协同发展战略和2035年建成文化强国战略部署，增强京津冀地区文物保护工作实力，特别是北京城市副中心开工建设的首都博物馆东馆，其开馆后将与本馆形成一馆两址的格局，而文物保护工作因其硬件条件的专业性、特殊性和人员培养的长期性，必须进行先期规划，且文物保护工作与馆藏文物、展览密不可分，一馆两址的业务划分和工作模式也必须进行充分的摸索探讨。因此，课题通过函询、实地考察和专家论证等方式，为首都博物馆文物保护工作机制与模式的制定、实施以及可持续发展提供参考依据。

2. 馆藏文物震害风险识别研究和展陈文物抗震固定技术研究与装具开发

2月，由中国航空规划设计研究总院有限公司牵头申报的"馆藏文物一体化防震关键技术研究"（2019YFC1521000）项目获得科技部立项批准，首都博物馆承担其中的"展陈文物抗震固定技术研究与装具开发"和"馆藏文物震害风险识别研究"两个部分。项目针对国内馆藏文物震害突出的现实问题，通过开展地震动能量传递至文物本体的耦合系统跨领域、多学科交叉的集成创新研究，形成"风险评估＋设计理论＋措施装置"一体化防震系统解决方案，为馆藏文物防震保护事业提供重要的技术支撑，全面提升文物防震安全水平。项目实施周期3年。

馆长韩战明、副馆长黄雪寅分别带领团队成员何海平、张杰、傅萌负责"展陈文物抗震固定技术研究与装具开发"和"馆藏文物震害风险识别研究"两个子课题。"展陈文物抗震固定技术研究与装具开发"主要内容包括开展国内博物馆大面积应用的展陈文物抗震固定技术调研，根据展陈文物抗震固定装具与易损文物相互作用行为，优化传统展陈文物固定技术的作用位置、方式和程度，开发兼顾适应性、美观性及变异性的新型展陈文物抗震固定技术、展具并开展示范应用。"馆藏文物震害风险识别研究"主要内容包括根据文献资料、实地调研及专家意见等，统计分析常规及采用防震措施的全国不同地震带上和世界范围内馆藏文物及类似浮放设备的典型震损成因，结合文物的保存环境、年代、材质、形式等，全面分析引起文物震损的各种风险因子，提出馆藏文物震害风险因子，并对各风险因子引起的潜在后果进行定性评估，定义本项目重点研究的典型地震易损文物类型，确定典型地震易损文物特征及判别方法。年内，子课题组成员跟随项目组共调研国内17家博物馆。

课题组调研交流

3.《山海经·五藏山经》的植物学知识考察

该课题为信息部李兰芳申请，6月获四川省社会科学院神话研究院审核通过。课题拟通过考察《五藏山经》对植物的描写，归纳、总结其使用的关于植物器官或局部形态的词汇，分析时人辨别植物、植物分类达到的水平以及对后世的影响，进而重新认识《山海经》在中国植物学史中的地位及中国古代博物传统的形成与特点。本课题的研究一方面可以弥补植物研究的不足，深入了解中国早期的植物学知识系统，并有助于进一步从宏观上把握《五藏山经》的性质；另一方面，对《五藏山经》反映的植物学知识的考察有助于认识中国博物传统的形成及特点。年内进入搜集、整理《山海经》原始材料及研究成果阶段，计划于2022年结项。

4. 首都博物馆建筑节能技术应用研究

2月，由韩战明牵头，物业部高新峰、李书源、邱春梅、于妍等参与，申请"首都博物馆建筑节能技术应用研究"课题。该课题主要通过对首都博物馆本馆建筑设备设施日常运行维护等方面的运营管理及节能减排技术应用进行调研分析，寻找各用能系统的用能需求和节能潜力，分析改进技术路径，将先进的节能技术与管理理念因地制宜运用于首都博物馆，进一步制定符合首都博物馆需要且更为完善的节能管理措施，并提出下一步节能技术应用建议，从而达到节能、低碳目的。同时，在首都博物馆东馆建筑与设备安装设计的过程中，对东馆建设的节能技术应用提出合理化建议。

5. 首都博物馆对北京城市发展贡献度评估

6月，"首都博物馆对北京城市发展贡献度评估项目"获得北京市文物局批准，由国际部牵头与东方文化与城市发展研究所合作完成。该项目旨在落实《北京城市总体规划（2016年–2035年）》工作要求，实现北京文化中心建设战略部署，通过大数据分析、趋势发展分析等方法，围绕首都博物馆在首都北京城市发展过程中的现状、趋势、贡献度等层面开展研究，为"十四五"期间更好地发挥首都博物馆、副中心博物馆的文化交往功能，服务北京全国文化中心建设提供丰富的理论与数据支撑。

6. 参与北京市文物局信息中心"博物馆观众大数据建设及分析"课题

该课题通过调研、分析、研究，为覆盖市文物局系统各博物馆的统一观众大数据管理系统开展顶层设计和实施规划，实现三个具体目标：第一，全面了解北京地区部分博物馆信息化建设水平、发展瓶颈及近期规划；第二，充分了解当前北京地区部分博物馆各部门各专业对观众数据采集、挖掘、使用程度及对未来大数据平台建设的需求；第三，形成调研结果分析报告，为后续北京市文物局建立数据标准统一、数据共享的大数据平台提供顶层架构设计思想及技术支持。课题小组于4月成立，并编写开题报告；5～11月进行了多家单位的现场调研，通过小组讨论的方式对调研过程进行结果分析和总结归纳，掌握调研情况后，开展了问卷调查设计、发布和数据分析等工作，年内完成了相应的调研报告（首博参与人：信息部孙芮英、赵彩霞、李陶）。

科研课题完成情况一览表

序号	课题名称	课题负责人	项目来源	成果形式
1	首都博物馆文物保护工作机制与模式探索	白　杰	北京市文物局	研究（结题）报告
2	首都博物馆建筑节能技术应用研究	韩战明	北京市文物局	研究报告
3	读城——探秘北京中轴线	杨丹丹	首都博物馆	展览呈现与沉浸式学习体验融合
4	首都博物馆对北京城市发展贡献度评估	高艳军	首都博物馆	评估报告
5	跨文化传播语境下的展览研究	张继华	首都博物馆	研究报告
6	博物馆观众大数据建设及分析	姚宇江	北京市文物局	调研报告

（六）研究成果

1. 居家科研工作

3月，在疫情防控期间，经馆党委研究，在全馆开展居家科研活动，结合个人工作实际和研究方向撰写相关学术文章。活动获得了全馆员工的积极响应与广泛参与，共收到相关文章223篇，涵盖了首都博物馆各业务领域及各部门工作内容，既有理论扎实的学术文章，也有条理清晰的工作思考。

2. 论丛与年鉴编审

5月，学术委员会秘书处与信息部论丛编辑部在完成首都博物馆居家科研成果征集工作后，对223篇文章进行了整理和分类，筛选出134篇

文章，分别以论文及论文存目的方式辑入《首都博物馆论丛2020专辑》。

6～9月，办公室学术年鉴编辑部按照年鉴编写工作总体要求，对馆内12个部门提交的内容进行修改，完成《首都博物馆年鉴·2019》编辑出版工作。

3. 专利

8月14日，《一种中性铝盐施胶沉淀剂及其制备方法与应用》（专利号：ZL201710712954.9）获得国家知识产权局授权。该专利为首都博物馆承担的北京市科委课题"基于新一代淀粉酶及施胶剂在书画保护中的关键技术研究"的成果。

本研究首次在明确明矾在施胶中作为促干剂、软化剂及助留剂的机理基础上，趋利避害，

研发出可替代酸性明矾的中性铝盐施胶沉淀剂，其具有明矾的功效，但不引入酸性物质，与明胶配合使用后，可显著提高绘画颜料色牢度和纸张抗水性，且使用前后和放置过程中呈现中碱性，从根源上解决了绘画纸张的酸化、劣变问题，使得传统书画工艺迈向科学化，延长了古书画的保存寿命。

11月14日，《一种纸张脱酸剂组合物及酸化纸张的脱酸方法》（专利号：ZL201811116917.2），获得国家知识产权局授权。该专利为首都博物馆承担的中央共建项目"古书画用纸张天然植物脱酸剂的研发与应用"课题的成果。

该组合物包括生物碱、可溶性四硼酸盐和溶剂，其中所述生物碱包括东莨菪碱、莨菪碱、去甲基莨菪碱和山莨菪碱中的一种或多种。本公开的纸张脱酸剂组合物可与酸化纸张中的明矾发生络合反应，阻止铝离子水解析出酸，且能够在纸张上形成碱残留，缓和纸张的二次酸化，对纸张外观形貌色彩影响不大，脱酸同时增强了纸张的耐折度和抗张强度，脱酸后的纸张pH值在7～8.5，能够有效延长书画纸张的寿命。

4.《金属文物修复工艺学》

本书由保护部青铜修复组业务负责人、馆员倪炎与北京联合大学姚启东、周华两位老师共同编写完成，文物出版社出版。

本书是专门针对新入行的修复工作者及高校学生学习的基本技术知识，尝试让修复人员在不直接接触文物的前提下，培养他们的文物修复基本功，大大降低文物保护修复教学的风险。同时为了解决金属文物修复教学教具缺乏的问题，研发了系列教具，为金属文物修复教学标准化提供了路径。书中内容涉及美术基础、刻花、翻模与塑性、打磨抛光作旧、钣金钳工、焊接粘接、传统工艺与案例、工具制作等八个方向。

《一种中性铝盐施胶沉淀剂及其制备方法与应用》发明专利证书

《一种纸张脱酸剂组合物及酸化纸张的脱酸方法》发明专利证书

《金属文物修复工艺学》

5.《渎山大玉海科技检测与研究》

该书由北京市文物局副局长于平主编，科学出版社出版。保护部赵瑞廷、李健、张雪鸽等参与编写。该书为"渎山大玉海研究"课题的成果。课题由首都博物馆申请，于平主持，课题组成员分别来自首都博物馆、北海公园管理处、北京市文物研究所等多家单位。

首都博物馆承担"渎山大玉海"的全部检测工作及部分文献资料的考证工作。在不损害文物的前提下，运用激光拉曼光谱仪、X射线荧光能谱仪和红外光谱仪等仪器设备，对渎山大玉海的材质进行检测，并对数据进行综合分析，确认了渎山大玉海的玉质成分及制作工艺。又经查阅文献资料，对渎山大玉海的制作、特征、变迁史的考证进行了细致研究，对于了解渎山大玉海的特征、功用、价值与相关知识，乃至乾隆时期的社会历史与文化均有很好的参考价值。

历经三年，课题组完成了对渎山大玉海的全部检测与文献考证工作，并于11月将研究成果集结出版为《渎山大玉海科技检测与研究》一书，这是第一次全面系统采用无损科学检测技术与科学综合研究方法对中国古代宫廷传世玉器瑰宝渎山大玉海进行深入研究的新成果。

6. 优秀学术科研成果评选

9月，组织开展申报北京市第十六届哲学社会科学优秀成果工作。根据申报工作通知要求，推荐《燕云十六州》和《极简北京史》两部学术专著，分别参加个人优秀成果与集体优秀成果评选。

为鼓励馆内专业技术人员开展学术研究工作，加强专业技术人员队伍建设，丰富学术科研领域成果，根据《首都博物馆科研成果评选办法（试行）》的规定，开展"首都博物馆十三五期间（2016-2020年度）科研成果评选"工作。最终评出年度学术成果奖1项、优秀学术成果奖6项、科研进步奖5项和科研合作奖3项。该评选在表彰优秀人员的同时，也为首都博物馆在"十四五"期间推动科研成果转化应用做好了准备。

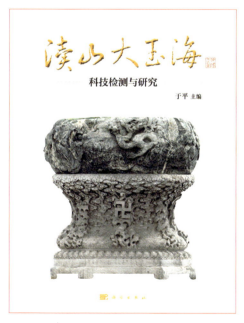

《渎山大玉海科技检测与研究》

"首都博物馆十三五期间（2016～2020年度）科研成果评选"现场

十三五期间获奖科研成果一览表

序号	获奖成果	奖项类别	获奖人	获奖成果类型
1	枯草芽孢杆菌和温度敏感型淀粉酶的生产方法及其应用	年度学术成果奖	闫　丽	专利
2	北京及周边地区辽代壁画墓研究	优秀学术成果奖	黄小钰	专著
3	博物馆书画修复理论与实践	优秀学术成果奖	范胜利	专著
4	文物色彩分析与保护	优秀学术成果奖	何秋菊	专著
5	对一件馆藏西周青铜甬钟的再探讨	优秀学术成果奖	李　健	论文
6	"烟霞寄兴"：首都博物馆藏民国北京山水画	优秀学术成果奖	李文琪	展陈大纲、图录
7	呼伦贝尔草原古代玉石器研究	优秀学术成果奖	张　靓	论文
8	近现代名家绘画作品展	科研进步奖	刘轶丹	展览大纲、论文
9	鼎立千秋——鼎与简的对话	科研进步奖	陈　思	展陈大纲
10	浅谈《宣示表》法帖的形制内涵	科研进步奖	李　泱	论文
11	试论里耶秦简中的"献"	科研进步奖	李兰芳	论文
12	《莫奈》	科研进步奖	赵　婧	译著
13	《金属文物修复工艺学》	科研合作奖	倪　炎	专著
14	京张铁路百年工业遗产调查与研究	科研合作奖	秦东升	论文、报告
15	重生：巴洛克时期的西里西亚	科研合作奖	赵雅卓	展陈大纲

发表学术论文一览表

序号	姓名	论文名称	发表报刊/出版物
1	白　杰	网络数字时代的博物馆——社会公共事件下的再思考	《博物院》2020年第2期
2	韩战明	新时代博物馆建设的若干思考——以首都博物馆东馆为例	《文博学刊》2020年第1期
3	杨文英	博物馆文化产业发展探析	《首都博物馆论丛2020专辑》（总第34辑）
4	龙霄飞	郭畀日记手稿残页及其版本	《博物院》2020年第1期

序号	姓名	论文名称	发表报刊／出版物
5	龙霄飞	陶瓷十二生肖俑中的鼠	《文物天地》2020年第1期
6	龙霄飞	发现中国古陶瓷之美	《收藏家》2020年第9期
7	杨丹丹	博物馆教育视角下的跨学科学习	《首都博物馆论丛2020专辑》（总第34辑）
8	杨丹丹	博物馆综合实践活动课程的开发和实施	《教育理论与实践》2020年第9期
9	黄雪寅	传统与科技相融——筑就博物馆"专业"而"现代"的空间	《东南文化》2020增刊《博物馆建筑空间与新技术07》
10	黄雪寅	论当代"物证"的"藏品"价值——抗疫事件中博物馆对城市的记忆	《中国博物馆》2020年第2期
11	黄雪寅	艺术的再创造——关于展览形式设计的逆向性思考	《博物院》2020年第6期
12	黄春和	金身妙相融汉藏　稀有等身似真身——一尊罕见的元代铜释迦太子诞生等身像赏研	《收藏家》2020年第4期
13	黄春和	试论古代唐卡艺术的历史演变及风格特征	《文物天地》2020年第7期
14	黄春和	略谈西藏早期八大圣迹佛传唐卡	《收藏家》2020年第8期
15	黄春和	一幅明代西藏西部上师对坐唐卡研究——兼论西藏上师对坐题材唐卡的历史源流	《博物院》2020年第6期
16	鲁晓帆	唐王公淑墓志考释	《收藏家》2020年第4期
17	鲁晓帆	唐代墓志中的北京地望一例——周肇祥旧藏《唐陆日岘夫人王氏墓志》考释	《收藏家》2020年第10期
18	杜　侃	文物预防性保护在首博的实践与思考	《首都博物馆论丛2020专辑》（总第34辑）
19	龚　楠	首都博物馆档案管理工作现状与思考	《首都博物馆论丛2020专辑》（总第34辑）
20	吴晓瀛	关于如何利用绩效管理提高首都博物馆开放服务水平的思考	《首都博物馆论丛2020专辑》（总第34辑）
21	张雪梅	浅谈公立博物馆预算管理	《首都博物馆论丛2020专辑》（总第34辑）
22	韩　冰	明御马监总理太监张赟墓出土文物及相关思考	《文物鉴定与鉴赏》2020年第1期
23	韩　冰	玉鞢的历史演变	《艺术品鉴》2020年第15期
24	韩　冰	浅析清代黑舍里氏墓出土玉器的艺术特征	《文艺生活·中旬刊》2020年第4期

序号	姓名	论文名称	发表报刊／出版物
25	王显国	试论延庆军都山山戎墓地尖首刀币	《中国钱币》2020年第5期
26	王显国	从房地契看清代北京地区"京钱"的使用	《首都博物馆论丛2020专辑》（总第34辑）
27	胡昱	龟砚与圆砚的关系	《首都博物馆论丛2020专辑》（总第34辑）
28	李梅	从馆藏文物看吉祥文化	《北京古代建筑博物馆文丛》，2020年
29	柳彤	对荣禄墓出土金葫芦的功用及相关问题的探讨	《首都博物馆论丛2020专辑》（总第34辑）
30	柳彤	明初"随驾监局"机构研究——兼论明初北京官署和行在机构的演变	《北京文博文丛》2020年第2期
31	栾晔	来自盛京——清代宫廷生活文物精粹	《收藏》2020年第1期
32	于力凡	刘家河出土青铜容器的再认识	《首都博物馆论丛2020专辑》（总第34辑）
33	徐亮	馆藏端方旧物之古埃及石刻拓片	《首都博物馆论丛2020专辑》（总第34辑）
34	李兵	明代董四墓出土瓷器文物及相关研究	《荣宝斋》2020年第9期
35	杨丽丽	首都博物馆藏《贡桑诺尔布获得勋章奖状》——兼谈贡桑诺尔布其事	《看世界 SEE THE WORLD》2020年1月下
36	刘轶丹	陈宝琛书画收藏中的"岁寒三友"题材	《中华书画家》2020年第6期
37	刘轶丹	浅议两幅张大千、张善孖黄山记游图卷	《收藏家》2020年第8期
38	刘轶丹	首都博物馆藏齐白石花鸟双挖四屏刍议	《齐白石研究》第八辑
39	任思音	当代不同美术门类主题性创作的方位与价值——以"追韩信"主题性美术创作题材为例	《艺术品》2020年第11期
40	任思音	主题性藏品故事的时光之旅——首都博物馆藏金代磁州窑"萧何月下追韩信"三彩瓷枕中人物纹饰故事的前世今生	《芭莎艺术》2020年12月刊
41	李文琪	首都博物馆收藏之陈宝琛家族捐献扇面文物初探	《首都博物馆论丛2020专辑》（总第34辑）
42	李文琪	由"一切画会无能加入"管窥齐白石与民国北京"传统派"的关系	《齐白石研究》第八辑
43	张媛媛	来自江淮大地的历史回响	《中国艺术报》2020年1月6日第7版
44	张媛媛	千年乐舞戏 徽皖故园情	《中国文物报》2020年1月21日第7版

序号	姓名	论文名称	发表报刊 / 出版物
45	张媛媛	笔墨传情 戏画人生——国家大剧院藏水墨戏曲人物画撷英	《收藏家》2020 年第 6 期
46	张媛媛	试析历史文化主题类引进展览的优化创新——以"海上丝绸之路文物精品大展"为例	《博物院》2020 年第 3 期
47	马悦婷	首都博物馆馆藏墓志出土地点的空间分析	《首都博物馆论丛 2020 专辑》（总第 34 辑）
48	武望婷	首都博物馆藏无款画虎图轴分析	《收藏家》2020 年第 6 期
49	武望婷	Quantitative Analysis of Mixed Pigments for Chinese Paintings Using the Improved Method of Ratio Spectra Derivative Spectrophotometry Based on Mode	Heritage Science, Volume 8, Issue 10, 2020
50	武望婷	Spectral Heat Aging Model to Estimate the Age of Seals on Painting and Calligraphy	Journal of Cultural Heritage 2020.8
51	武望婷	新疆尼雅 95MNⅠM3 号墓出土丝绵锦袍病害机理研究	《文物鉴定与鉴赏》2020 年第 5 期
52	邱春梅	博物馆展陈环境空调和楼宇自控系统探讨	《东南文化》2019 增刊《博物馆建筑空间与新技术 06》（受疫情影响，2020 年 4 月出版）
53	邱春梅	博物馆设备设施管理模式初探	《中国博物馆协会博物馆管理专业委员会论文集》，上海书画出版社
54	邱春梅	博物馆空调与楼宇自控系统运维管理实践与探索	《首都博物馆论丛 2020 专辑》（总第 34 辑）
55	任 巍	浅谈天然采光与人工照明在博物馆光环境设计中的应用	《首都博物馆论丛 2020 专辑》（总第 34 辑）
56	孟 哲	首都博物馆在国际交流与合作中的探索与实践	《艺术品鉴》2020 年第 22 期
57	赵立波	思想家主题展览模式探讨——以孔子博物馆为例	《首都博物馆论丛 2020 专辑》（总第 34 辑）
58	邵欣欣	从"安第斯文明展"看安第斯文明中的动物造型艺术	《艺术品鉴》2020 年第 31 期
59	刘 云	播洒文明 服务社会 实现自我——浅谈首都博物馆志愿者团队建设	《首都博物馆论丛 2020 专辑》（总第 34 辑）
60	叶 萌	新媒体时代博物馆的线上宣传策略探讨	《首都博物馆论丛 2020 专辑》（总第 34 辑）
61	黄 超	试论长城的修筑、功能和文化	《中国长城文化学术研讨会论文集》，中国书籍出版社
62	罗 丹	疫情之下创新传播形式 数字平台发挥社教职能	《北京文化创意》2020 年第 1 期
63	王晓梅	首都博物馆信息化项目管理的思考	《首都博物馆论丛 2020 专辑》（总第 34 辑）

序号	姓名	论文名称	发表报刊/出版物
64	杨 洋	首都博物馆数字出版项目之探索	《首都博物馆论丛2020专辑》（总第34辑）
65	李兰芳	稚女童儿，冠笄未备——读王子今教授《插图秦汉儿童史》	《博物院》2020年第4期
66	李兰芳	从松柏汉简"令丙第九"看汉代的鲜果贡献制度——兼论二品诏书转化为法令的格式变化	《农业考古》2020年第6期
67	龚向军 李兰芳	各方专家为疫情后的博物馆"把脉"	《中国文物报》2020年9月15日第5版
68	张 靓	公共关系学在博物馆应对公共突发事件中的运用——以首都博物馆为例	《首都博物馆论丛2020专辑》（总第34辑）
69	裴亚静	清代黑舍里氏墓出土文房用具研究	《博物院》2020年第6期
70	李吉光	从"博物馆化"到"化博物馆"——博物馆与其他机构的关系的探讨	《中国博物馆》2020年第1期
71	李吉光	见人见物见生活——传统手艺展示与传承的思考	《博物院》2020年第2期
72	李吉光	线上展览靠什么圈粉	《人民日报》（海外版）2020年3月17日第7版
73	李吉光	重塑空间：浅谈非遗类展示的应对之策	《博物馆管理》2020年第4期
74	张全礼	碑帖的镌刻工序及其对书迹的影响	《首都博物馆论丛2020专辑》（总第34辑）
75	张 明	大众传播时代下的转型探索——让信息更动人的LxU工作室	《装饰》2020年第7期
76	张 明	2019年度我国综合性大学艺术博物馆的发展与成就	《中国艺术学年度报告（2019～2020）》，社会科学文献出版社
77	李 陶	博物馆网站的社会价值	《首都博物馆论丛2020专辑》（总第34辑）
78	孙芮英	浅议新形势下博物馆网络安全的意义	《首都博物馆论丛2020专辑》（总第34辑）
79	张 杰	"锦绣中华——古代丝织品文化展"内容设计解析	《艺术与民俗》2020年第2期
80	张 杰	关于"兽首含臂"是否在古代戎服中实际使用的推论	《武进文博》2020年第1期
81	陈 思	管窥魏楷《石门铭》杂糅之美	《美术大观》2020年第12期
82	陈 思	试析北朝后期铭石书楷体书风转变及影响	《艺术与科学【卷十五】：艺术图像》，清华大学出版社

序号	姓名	论文名称	发表报刊/出版物
83	陈思	摩崖档案信息传播特质研究——以汉中石门摩崖群为例	《档案》2020年第6期
84	陈思	访福州石鼓名山摩崖	《书法报》2020年12月30日第32版
85	陈思	两周燕国青铜器铭文风格演化及源流探析	《首都博物馆论丛2020专辑》（总第34辑）
86	孙珂	有关"锦绣中华——古代丝织品文化展"展品选取的思考	《锦绣中华——古代丝织品文化展》，科学出版社
87	郭良实	山水画点景人物的类型与特征——以"江山如画：12-20世纪中国山水画艺术展"为例	《艺术品》2020年第12期
88	郭良实	唐代楷书手、翰林书待诏与汉字书写规范	《艺术与科学【卷十五】：艺术图像》，清华大学出版社
89	陈静	古都"中轴线"溯源及其发展变化——兼论古都北京"中轴线"历史意义	《中国文化遗产》2020年第6期
90	郑好	初探明代北京官式建筑大木作的形制渊源	《首都博物馆论丛2020专辑》（总第34辑）
91	田辛酉	《宁公和尚训鸡图》卷首画题释析	《首都博物馆论丛2020专辑》（总第34辑）
92	于妍	新冠疫情后博物馆空调系统的思考	《首都博物馆论丛2020专辑》（总第34辑）
93	李光远	"1420——从南京到北京"形式设计小结	《首都博物馆论丛2020专辑》（总第34辑）
94	刘平	关于推进"首博文创"的思考	《首都博物馆论丛2020专辑》（总第34辑）
95	尹鑫琳	对英国 National Trust 面向公众的修复工作的思考	《首都博物馆论丛2020专辑》（总第34辑）
96	赵婧	探究"文物"一词的英文翻译以及在不同语境下的应用	《首都博物馆论丛2020专辑》（总第34辑）
97	杨静兮	风俗画中的清明节俗研究——以《王大观清明踏青图》为例	《首都博物馆论丛2020专辑》（总第34辑）
98	王颖竹	New Evidence for the Transcontinental Spread of Early Faience	Journal of Archaeological Science, Volume 116
99	王颖竹	新疆阿敦乔鲁墓地出土釉砂分析研究	《考古与文物》2020年第5期
100	何秋菊 许璇	几种漆皮回贴用胶粘剂的性能对比研究	《中国生漆》2020年第1期
101	何秋菊	修复材料对书画纸张酸化的影响评估	《文博》2020年第3期

续表

序号	姓名	论文名称	发表报刊／出版物
102	何秋菊 张雪鸽 许　璇	出土漆器起翘漆皮回软用多元醇类材料筛选研究	《中国文物科学研究》2020 年第 2 期
103	何秋菊	书画装裱中"古方"的科技内涵解读	《中国文物报》2020 年 7 月 31 日第 8 版
104	何秋菊	基于拉曼光谱鉴定世界遗产大足卧佛颜料及相关研究	《光谱学与光谱分析》2020 年第 10 期
105	何秋菊 李　健 许　璇 张雪鸽	北方地区出土半饱水漆木器的环境影响因素与预防性保护措施	《首都博物馆论丛 2020 专辑》（总第 34 辑）
106	何秋菊 许　璇 张雪鸽 李　健	几种考古出土漆木器用防霉剂的筛选与评估	《博物院》2020 年第 6 期
107	何秋菊	Multi-analytical Techniques Used for the Identification of the Dyeing Techniques of Several Textile of Ancient China	Microchemical Journal Volume 156
108	李　泆	浅谈《宣示表》法帖的形制内涵	《首都博物馆论丛 2020 专辑》（总第 34 辑）
109	陈　潇	玉骨哪愁瘴雾　冰姿自有仙风——吴大澂梅花图修复实录	《文物鉴定与鉴赏》2020 年第 12 期
110	陈　潇	碑帖拓本的收藏保护与装裱工艺	《首都博物馆论丛 2020 专辑》（总第 34 辑）
111	马　燕	馆藏重彩绢本水陆画的保护与修复	《首都博物馆论丛 2020 专辑》（总第 34 辑）
112	李　健	对首博"穿越"展中一件铜爵制作年代的讨论	《首都博物馆论丛 2020 专辑》（总第 34 辑）
113	李　瑾	浅谈文物修复需注意的几点问题	《首都博物馆论丛 2020 专辑》（总第 34 辑）
114	张雪鸽	出土漆皮回软实例	《首都博物馆论丛 2020 专辑》（总第 34 辑）
115	傅　萌 王　江	博物馆文物保护部门风险的识别、评估与防控	《首都博物馆论丛 2020 专辑》（总第 34 辑）
116	闫　丽	漆酶的结构、功能及其应用进展	《首都博物馆论丛 2020 专辑》（总第 34 辑）
117	吕淑玲	古陶瓷修复中有色补配材料筛选实验研究——以首都博物馆馆藏青花鱼藻纹大缸为例	《陶瓷学报》2020 年第 5 期
118	赵瑞廷	新冠肺炎疫情背景下关于博物馆使用消毒剂的思考	《文物保护与考古科学》2020 年第 2 期

序号	姓名	论文名称	发表报刊/出版物
119	赵瑞廷	湖南战国楚地贵族墓葬出土玉器黑色水银沁现象再研究	《博物院》2020 年第 2 期
120	邢翠娟	中国刺绣中相似针法的分辨——以锁绣与挽针绣为例	《首都博物馆论丛 2020 专辑》（总第 34 辑）
121	韩雨翔	民窑粉彩大盘修复	《首都博物馆论丛 2020 专辑》（总第 34 辑）
122	孙海燕	陶瓷仿釉冰裂纹材料的应用	《文化产业》2020 年第 33 期
123	胡　晶	霖雨苍生——馆藏林纾作品赏析	《首都博物馆论丛 2020 专辑》（总第 34 辑）
124	周希婧	对可移动文物修复中涉及法规、标准与原则工作思考	《首都博物馆论丛 2020 专辑》（总第 34 辑）
125	曹　洋周　千	博物馆指挥中心建设探索与实践	《首都博物馆论丛 2020 专辑》（总第 34 辑）
126	祁普实	西汉弘农铜升考释	《西部论丛》2020 年第 8 期
127	倪　翀	渎山大玉海的文化渊源及其纹饰研究	《首都博物馆论丛 2020 专辑》（总第 34 辑）
128	沈　涛	瓷器笔涂法复色与新材料的结合应用	《首都博物馆论丛 2020 专辑》（总第 34 辑）
129	倪　炎	白塔寺铁香炉保护修复	《首都博物馆论丛 2020 专辑》（总第 34 辑）
130	刘　丞	先以欲勾牵 后令入佛智——简谈元明清时期藏传佛教中财神像造型的发展变化	《首都博物馆论丛 2020 专辑》（总第 34 辑）
131	邢　鹏	观照自在 行深般若	《文史知识》2020 年第 8 期

首都博物馆
年鉴·2020

二

典藏　藏护
保　　护

虽然受到疫情影响，藏品工作仍有序推进。在疫情闭馆期间，定期检查库房、展厅的藏品安全状况，排查安全隐患，复工后全力推进重点工作，保质、如期完成；将五处馆外藏品库房的13831件（套）藏品（包括69967块一级文物"乾隆大藏经版"）及配套资产搬迁至房山新库区，安全无事故；年度内统计核定馆藏品总数仍为124808件（套）与88万枚钱币。

继续秉承"预防性保护为主"、"最小干预原则"的保护理念，采用传统修复与科技保护双管齐下的模式，完成多个文物保护修复项目。对常设展厅和临时展厅开展环境检测与调控等预防性保护工作。

（一）文物保管工作

1. 制度建设

制订《首都博物馆藏品国内出借管理办法（试行）》，并将其纳入《首都博物馆制度汇编》。

2. 账物管理

正常开展各项日常账目管理及周转库藏品管理工作，全年未发生账册及文物安全事故。藏品部总账组与保管组互相监督、互相促进提升账物管理水平的工作模式得到不断完善。整理近现代文物、建档立账共计2件（套）2件。将7件（套）未定级近现代文物定级为一般文物。完成50件（套）文物出借信息录入"北京市博物馆大数据平台"的工作。完成年度总登记账抄写与完善工作，登写总登记账共计240条。

（二）馆藏文物利用

1. 文物借展

支援文博同行的展览工作，向5家文博机构举办的5项展览借出了50件（套）馆藏文物，同时承担了文物信息撰写、文物拍摄及监督布撤展工作。

2. 文物服务社会

全年接待馆内外电子账查询共20余项，接待馆外调研、观摩14次。积极利用馆藏文物为文博单位仿制藏品、支援馆外科研出版。继续推动"可移动文物普查成果展示"项目，全年在首都博物馆官方网站公布1万件馆藏文物，累积公布5万件。"5·18国际博物馆日"在北京市博物馆大数据平台公布5000件藏品数据。

出借馆藏文物一览表

序号	展览名称	展览时间	展出地点	借展文物数量
1	吉祥圣域——藏传佛教绘画与造像艺术展	4月26日~2021年4月12日	清华大学艺术博物馆	26件（套）
2	金石书画展	9月4日~10月25日	浙江省博物馆	7件（套）
3	园说Ⅱ——颐和园建园270周年文物特展	9月25日~12月27日	北京市颐和园管理处	8件（套）
4	龙行万里——海上丝绸之路上的龙泉青瓷	9月29日~2021年4月30日	中国（海南）南海博物馆	5件（套）
5	舟楫千里——大运河文化展	11月1日~2021年2月21日	中国国家博物馆	4件（套）

文物服务社会一览表

时间	接待单位	服务内容
1月	赣州市文物局	调研文物管理与库房建设
4月	国家图书馆	调研文物管理工作
5月	中国邮政邮票博物馆	调研文物账目管理工作
6月	北京市文物局	调研文物管理工作
	中国版本图书馆	调研文物管理工作
7月	中国国家博物馆	调研文物账目管理工作
	中国印钞造币博物馆	调研文物管理工作
	北京首都开发控股（集团）有限公司	调研文物管理工作、观摩文物
8月	浙江省人民政府	调研文物管理工作、观摩文物
9月	北京市昌平区十三陵特区办事处	调研文物管理制度
10月	北京市发展和改革委员会	调研文物管理工作
	中国国家博物馆	调研文物管理工作与库房建设

时间	接待单位	服务内容
11 月	北京汽车博物馆	调研文物管理工作与库房建设
12 月	北京市海淀区博物馆	调研文物管理工作与库房建设

（三）文物征集与捐赠

1. 常规征集

年内共征集藏品 197 件，包括反映古代纺织工艺水平的明代丝织品，反映老北京商业经济老字号发展的"前门广德楼茶馆水牌"等物证，反映时代特征的老照片"国家领导人接见参加演出大型音乐舞蹈史诗《东方红》的全体人员合影"等革命文物，还有具有时代特征的"羊拐"等民俗娱乐物证。

2. 新冠肺炎疫情防控物证资料专题征集

新冠肺炎疫情爆发后，北京市领导高度重视疫情防控物证资料征集工作，市委宣传部于2月底成立了专项工作领导小组，北京市文物局组建了疫情防控物证资料征集工作专班，首都博物馆负责对相关资料进行征集，具体工作由藏品部组织人员开展。全年共征集疫情防控物证资料14093 件（套），其中实物 2863 件（套）。

北京大学第三医院捐赠疫情防控物证资料

北京控股集团有限公司捐赠疫情防控物证资料

北京市疾控中心捐赠疫情防控物证资料

3.扩大新媒体宣传

通过首都博物馆微信公众号发布"让我们再次保藏一段难忘记忆""发现我们身边的革命文物"（两次）共三次专题征集公告。

藏品征集|让我们再次保藏一段难忘记忆

原创 首都博物馆 首都博物馆 2020-03-18

习近平总书记指出，"中国各类博物馆不仅是中国历史的保存者和记录者，也是当代中国人民为实现中华民族伟大复兴的中国梦而奋斗的见证者和参与者。"留住当下的城市记忆、民族记忆是首都博物馆的历史使命，也是首都博物馆始终开展"为了明天收藏今天"征集行动的担当目标。

十七年前，SARS疫潮尚未退去，首都博物馆便已开展抗击SARS物证资料的征集工作。而今回眸，这两千余件镌刻着京城抗疫之战的物证资料何其珍贵！

2020年，首都博物馆再次与您并肩抗疫，与您携手将这次抗疫之战的代表性、典型性、标志性物证资料征集入藏，保藏并展示一座城市在重大疫情防控中所发生的一切。

市领导对新冠肺炎疫情防控物证资料征集高度重视，专门于2月底成立了由市委宣传部常务副部长赵卫东任组长、市委宣传部副部长张爱军和市文物局局长陈名杰任副组长的专项工作领导小组，结合首都博物馆的前期准备，全面征集工作已有条不紊开展。现特向全市各单位、社会组织和广大市民发出征集倡议：

面向全社会广泛征集新冠肺炎疫情防控各类物证资料！

藏品征集|发现我们身边的革命文物

原创 首都博物馆 首都博物馆 2020-08-07

2021年，中国共产党将迎来百年华诞。北京是中国革命的策源地之一，是中国共产党的孕育地之一，更是新中国的诞生地。北京与中国共产党共同经历了百年风雨，穿越了世纪彩虹，走进新时代。

许许多多家庭以不同形式经历了这百年风雨历程，成为历史的参与者和见证者，身边留下了许多相关物证和影像。首都博物馆邀请您一同寻找、发现身边的革命文物，将这些鲜活的史料留在博物馆，铭记、回顾建党百年的光辉历程。

⚙ **征集范围**

体现我党与我军的奋斗历史、革命事迹和辉煌成就的实物、照片、视频、档案等。

⚙ **征集方式**

无偿捐赠，首都博物馆将向入选捐赠者颁发捐赠证书。

⚙ **联系方式**

请将您的捐赠信息、照片、简要说明、联系方式发送至指定邮箱：
zhengjizu@capitalmuseum.org.cn
或通过首都博物馆微信"征·文物"专栏发送捐赠信息。

⚙ **征集时间**

永久有效

"让我们再次保藏一段难忘记忆"征集公告截图（左）
"发现我们身边的革命文物"征集公告截图（右）

征集及接受捐赠文物一览表

凭证编号	文物名称	年代	来源	文物照片	贵重文物说明	文物数量	计量单位
20.01	摩诃庵金刚经拓片	现代	安云霁		摩诃庵位于北京市海淀区八里庄南玲珑巷，慈寿寺塔以东，建于明嘉靖二十五年（1546年）。摩诃庵东偏院有金刚殿，东西两壁均用汉白玉砌成，上镌有篆书三十二体金刚经，字体古朴雄健	62	张
20.02	前门广德楼茶馆水牌	20世纪30～40年代	安云霁		该水牌为广德楼茶馆20世纪30～40年代使用物品，用于公布演出曲目，是北京曲艺文化发展的重要物证	1	件
20.03	通海祥皮箱	解放战争时期	车向宇		皮箱产于天津东马路通海祥皮货庄。该皮货庄大约在抗日战争至新中国成立时消失。皮箱长86厘米，宽57厘米，高40.6厘米，为整块水牛皮缝制。该皮箱是捐献人长辈于1966年凭票购买的，当时售价80元人民币。通海祥皮货庄现存货品稀少，具有一定的收藏价值	1	件
20.04	线索材料通知单（赣革清字第0508080号）	1969年	王志奎		函件材料为"江西省革命委员会三查工作领导小组清查敌伪档案办公室"致"河南省革命委员会"函，内容为请对方协助查询可疑人员下落，落款时间为1969年7月30日。函件长18.8厘米，宽11.2厘米，纸本。此函具有鲜明的时代特征，是特殊时期特殊工作的典型物证资料，具有一定的研究价值、文献价值和收藏价值	1	件

凭证编号	文物名称	年代	来源	文物照片	贵重文物说明	文物数量	计量单位
20.06	"读毛主席的书"镜子	1971年	王进聪		"读毛主席的书"镜子为捐赠人1971年结婚时同事所赠，其上图案具有鲜明的时代烙印。小圆镜是捐赠人1968年在部队服役时执行"三支两军"任务时所购，背面隐约可见毛主席语录，生产厂家为"国营胜洋制镜厂"。两面镜子具有一定时代特色	1	件
	含有毛主席语录的镜子	1968年		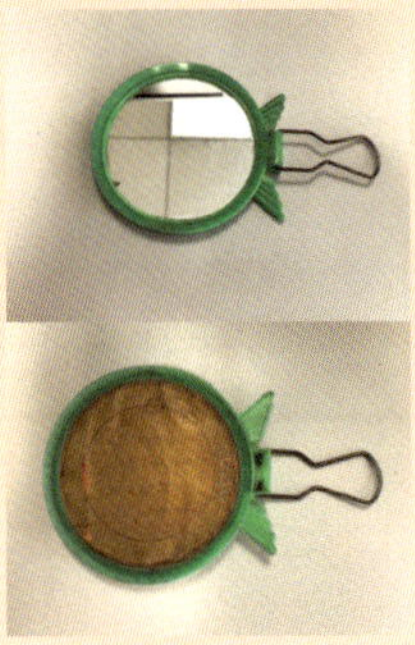		1	件
20.07	"国家领导人接见参加演出大型音乐舞蹈史诗《东方红》的全体人员合影"原片	1964年	李会征		捐赠人李会征曾参与大型音乐舞蹈史诗《东方红》的演出，并与国家领导人合影。此次捐赠的物品部分具有革命文物或红色文物元素，部分属于民俗类或近现代文物，均有一定史料价值	1	件
	音乐舞蹈史诗《东方红》纪念徽章	20世纪60年代				1	件
	《东方红歌曲集》	1964年				1	件

凭证编号	文物名称	年代	来源	文物照片	贵重文物说明	文物数量	计量单位
20.07	《东方红》音乐舞蹈史诗演出节目单（中华人民共和国成立十五周年庆祝晚会）	1964 年	李会征			1	件
	北京麻纺织厂围裙	20 世纪70 年代				5	件
	木制袜楦	20 世纪50 年代				1	件
	羊拐（嘎拉哈）	20 世纪50 年代				20	件
	毛主席选集、主席诗词等红色专著、文件	20 世纪六七十年代				23	件
	毛主席像章	20 世纪六七十年代				38	件
	老照片	1976 年				28	件

续表

凭证编号	文物名称	年代	来源	文物照片	贵重文物说明	文物数量	计量单位
20.08	河北省人民政府委任状	1949年	刘文科 彭京京		1949年9月河北省人民政府为中共建政后第一任密云县县长杜秋颁发了《委任状》；1954年10月为其颁发了《任命通知书》，任命其为"通县专署财政经济委员会副主任"。当时密云县和通县均隶属河北省，是新中国成立后河北省和北京市行政区划变迁的重要物证资料，具有一定的文献价值	1	件
	河北省人民政府任命通知书	1954年				1	件
20.09	青"卐"字纹地"满池娇"印金文锦	明	王立乾		丝织品为青色"卐"字纹地，主体图案为印金"满池娇"纹，纹样生动活泼，印制精美。边款有"马君令"字样，并有"清泉马记"四字坊名。整幅织品品相较为完整，局部有少许破损、污渍及金脱落现象。经初步审鉴为明代织锦，具有一定的研究、展示及收藏价值	1	件
20.10	会议用笔	1978年 1982年	王超		1978年6月20日～7月9日，全国财贸学大庆学大寨会议在北京召开。1982年9月1～11日，中国共产党第十二次全国代表大会在北京举行。这两支铅笔是这两次会议的见证物，具有一定的历史价值和展示价值	2	件

凭证编号	文物名称	年代	来源	文物照片	贵重文物说明	文物数量	计量单位
20.11	《中国青年报》合订本	1956年 1966年 1991年	张志明		捐赠品分别为1956年1～2月、1966年1～3月、3～6月、1991年3月的《中国青年报》合订本，共计4册，记载了五年计划提前完成、汉语拼音方案制定、"文革"开端、海湾战争结束等重要历史事件，具有一定的史料价值和研究价值	4	件
20.12	苏联制电子管收音机	20世纪50年代	李晓梅		收音机长50厘米，宽25厘米，高35厘米，机身为木质结构，正面左右两边各有一个音量调节旋转钮，可以调配高、低音的音量比例，音质浑厚，同时具有超短波功能，可以接收到国外电台广播，是中苏友好交往时期历史的实物见证	1	件
	新冠肺炎疫情防控物证资料专题征集（实物）	2020年			2020年新冠肺炎疫情爆发后，首都博物馆迅速在全市开展了征集抗击疫情见证物的工作。征集人员积极与相关党政机关、医疗单位、其他企事业单位、社会团体等取得联系，整体工作取得阶段性成果，共征集到2863件（套）实物资料	2863	件（套）

（四）馆外库房文物搬迁

房山新库区改造工程竣工后，经公开招投标，5月确定了馆外库房文物搬迁项目服务商。9月7日，正式启动馆外库房文物搬迁工作。至11月30日，先后将昌平十三陵库房、房山琉璃河库房、房山良乡库房、大兴西红门库房、大兴榆垡大藏经版库房等五个馆外库房的文物及配套资产

搬迁至房山新库区，并完成上架、整理工作，共计搬迁文物藏品13831件（套）（94451件）。其中一级文物"乾隆大藏经版"根据馆外文物搬迁工作整体部署，自10月9日～11月26日，由保护部与藏品部协同配合，共同完成从榆垡库房搬迁至房山新库房的点交、下架、监督运输、上架、核对等工作，准确无误，交接顺利，实现人员、文物安全无事故。

"乾隆大藏经版"搬迁

（五）文物保护与修复

1.北京五里坨明墓出土描金彩绘漆棺应急性保护修复

五里坨明墓出土描金彩绘漆棺在首都博物馆开展应急性保护修复进入第三年。漆棺保护工作组继续采用中国传统大漆工艺开展保护修复工作，逐步进行了回贴、加固起翘漆皮，清理漆棺漆皮回贴后多余的大漆黏结剂，对起翘漆皮临时敷纸软化固定及防霉杀虫处理。在专家指导意见的基础上，对漆棺进行稳定化处理，主要包括对漆棺口沿、四个边角拍照，清理漆棺口沿残存漆灰、植物根系，编号保存。对口沿残缺处采用生漆加木屑填充，贴回起翘木材，按照原材料原工艺重新裱布刮灰，恢复棺木稳定性。对新制作的杉木底板采用大漆进行刷涂、补平处理，为糟朽底樟板的更换做准备。另外，为确保新冠肺炎疫情特殊影响下漆棺保存环境日常监测工作正常开展，在存放漆棺的地下一层考古实验室内加装了恒湿洁净检测装置及远程监控系统，加强了对漆棺文物保存环境的日常远端监管。

漆棺修复现场

新制杉木底樟板进行生漆髹涂

回贴修复前

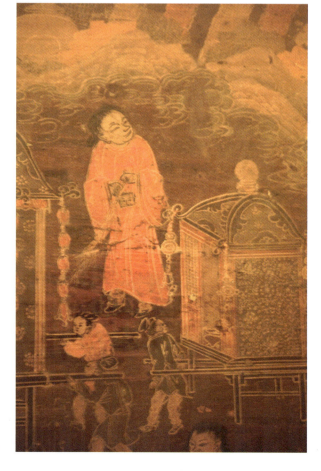

回贴修复后

2. 金属文物修复

完成临时展览上展文物的修复保护工作，为首都博物馆在北京市政协举办的"马可·波罗笔下的'树皮'和'偶像'——首都博物馆馆藏元代货币及藏传佛教造像艺术展"完成了25件馆藏造像文物的清洁养护工作。

馆藏造像文物清洁养护

文物养护前（左）后（右）对比

3.馆藏书画文物修复与文物扫描复制

继续对馆藏绢本重彩水陆图文物进行修复，开展针对性的修复材料老化实验工作。年内完成了永定河博物馆5件（套）共7件文物的高清扫描工作。

4.纺织品文物修复

完成"龙马精神海鹤姿——马连良先生诞辰120周年纪念展"31件（套）馆藏文物和2件（套）马连良艺术研究会收藏文物的应急整形工作；完成北京市地方标准《丝织文物清洗操作系列规范》的宣贯工作；为五里坨明墓出土纺织品文物进行除霉保护；完成西藏文化馆收藏2件（套）文物的保护工作，顺利点交回馆；完成中国人民革命军事博物馆借还丝网机工作，为该馆筹办"抗美援朝作战70周年纪念展"提供支持。

5.陶瓷文物修复

继续进行明代青花鱼藻纹大缸、明嘉靖青花婴戏纹盖罐盖及馆藏6件陶瓷文物的保护修复工作并安排专人管理。

对明代青花鱼藻纹大缸底部进行粘接，表面保存完整的锔钉予以保养封护，残缺的锔钉仿制后复位，缸体表面残缺部位进行补配磨平，最后对补配处进行复色。

对明嘉靖青花婴戏纹盖罐盖原先补配处进行了拆除，采用"瓷配瓷"方法对缺损处进行翻模烧造补配，保证器物质感的统一性，局部补胶后打磨找平，最后对补配处进行复色。

绢本重彩水陆图修复前　　　　　　绢本重彩水陆图修复后

"龙马精神海鹤姿——马连良先生诞辰120周年纪念展"上展文物修复

明代青花鱼藻纹大缸底色喷绘

明代青花鱼藻纹大缸笔涂复色

6. 预防性保护工作

对首都博物馆库房、方厅地下一层至地上五层展厅、乾隆御制碑、地下一层考古实验室等文物保存环境开展常态化温湿度、有害气体情况监测工作，对相关监测数据进行即时分析记录，对发现的任何文物保存环境问题隐患及时向相关部门反馈，同时对各监测场所内出现的任何无线传感监测系统设备故障进行随时处置。

1～8月因新冠肺炎疫情闭馆及轮值工作期间，保护部组织安排部门人员和厂家技术人员到展厅和库房，开展设备维护与加水、故障排查等现场工作共计8次。开展了"1420：从南京到北京""穿越——浙江历史文化展""龙马精神海鹤姿——马连良先生诞辰120周纪念年展"等各项临时展览的虫控消杀、展柜内温湿度监测调控等预防性保护工作，确保了临时展览展陈文物的环境调控等各项预防性保护措施科学、有效、到位。

开展地下二层低氧充氮库房的年度设备运行维护工作，并加装了库房环境远程监测系统。

此次设备运维工作持续周期长、精度要求高，保护部各组人员广泛参与。该项工作自9月起逐步推进，经过分阶段运行测试，明确了设备运转情况，积累了试验参数数据，也使相关人员熟练掌握了设备操作流程，为该库房日后的运转使用做好了准备工作。

添置二氧化硫、氮氧化物合一检测仪、微生物（ATP荧光）检测仪两套便携设备，为日后展厅大气环境监测和有害微生物防控工作水平的提升奠定了基础。

根据西红门库房搬迁和房山西库建设的整体部署，年内完成了西红门熏蒸库房设备设施与资产搬迁工作，安排相关厂家完成了房山西库文物熏蒸及尾气处理设备设施的安装调试与检测验收工作。

7. 房山西库熏蒸室建设

11月底，在房山西库建立的熏蒸设备用房完成验收工作。熏蒸室包括文物熏蒸设备（6m³、3m³灭菌柜各一台）、环氧乙烷废气处理设备，以满足馆藏可移动文物的常规保护。

临时展厅空气质量检测采样

临时展览展柜微环境温湿度监测与调控

房山西库文物熏蒸及尾气处理设备

首都博物馆
年鉴·2020

三

陈列展示

按照馆内工作部署，开展常设陈列整改提升工作。继续按照系列主题的思路进行展览策划管理，注重展览系列的连续性和节奏性。加强以馆藏文物为主的首都博物馆原创品牌展览项目库及与国内外合作相关的展览项目库的储备工作。根据文创工作实际，推出"大文创"概念，将立体文化活动、社教课程、文创衍生品等纳入"大文创"范畴内，全年累计开发文创产品 72 种。文创专委会克服疫情影响，继续发展会员，推进各项工作。

（一）常设陈列

圆厅常设展"近现代名家书法展""近现代名家绘画展"的上展文物于 2019 年撤展回库，进行养护。今年，两项展览予以恢复，展出馆藏文物 140 件（套），其中 31 件（套）进行了更换。

（二）临时展览

在做好疫情防控工作的前提下，深入发掘、有效利用馆藏文物资源，进一步与国内兄弟博物馆开展合作，同时将合作范围拓展至不同领域的相关机构，开辟新视角、结合新技术，推出临时展览。

1. 1420：从南京到北京

展览由首都博物馆、南京博物院和南京市博物总馆共同主办，故宫博物院、国家图书馆、首都图书馆、明十三陵博物馆、南京明孝陵博物馆、南京城墙博物馆和南京大报恩寺遗址博物馆共同协办，1 月 17 日～ 6 月 28 日在方厅一层 B 展厅举办。

2020 年正逢明永乐皇帝迁都北京将满 600 年，为增强人们对古都北京的认识，对保护古都历史文化遗存的理解与支持以及对北京作为国际性大都市深厚历史底蕴的文化自信，首都博物馆特别推出此项展览。

该展围绕明代迁都北京这一重大历史事件展开，共分三部分：第一部分"定都南京"，主要展示朱元璋定都南京的历史背景与选择过程，分为龙飞淮甸、定都南京两小节；第二部分"迁都北京"，主要展示徐达夺取元大都、朱棣的崛起与迁都北京的过程，分为明师下燕、靖难之役、迁都北京三小节；第三部分"用致雍熙"，主要展示迁都的结果，一方面是社会恢复并呈现出繁荣景象，另一方面是迁都后出现了新变化、新机遇和挑战，分为两京繁盛、表象之外两小节。

展览上展展品共计 270 件（套），主要来自北京和南京两地十余家文博单位。

（责任人：杨烨 大纲撰写：高红清 形式设计：李光远）

"1420：从南京到北京"展览开幕

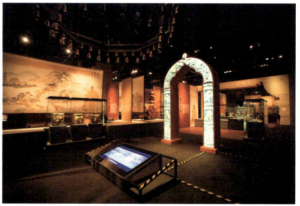

"1420：从南京到北京"展

2. 和你在一起——北京市文联成立 70 周年成就展

展览由北京市文学艺术界联合会主办，9 月 1 日～11 月 1 日在方厅三层 D 展厅举办，系统梳理北京文艺 70 年发展历程，重点呈现北京文艺 70 年所取得的辉煌成就。

展览分为三部分：第一部分，创立与探索——在新中国首都建设民族的、科学的、人民大众的文艺；第二部分，改革与繁荣——弘扬主旋律，提倡多样化，推动社会主义文化大发展大繁荣；第三部分，向高峰迈进——弘扬中国精神、凝聚中国力量，为实现中华民族伟大复兴中国梦而继续奋斗。展览内容包括 6 万文字、1500 张照片、30 个视频资料、150 余件实物。

展览开幕后获得广泛好评，原定于 10 月 8 日闭展，为满足广大观众的观展需求，该展延期至 11 月 1 日。

（责任人：王俊 大纲撰写与形式设计：北京市文学艺术界联合会）

3. 文物的时空漫游——腾讯"互联网 + 中华文明"数字体验展

展览由国家文物局指导，腾讯科技（深圳）有限公司主办，敦煌研究院、上海博物馆、湖南省博物馆、河南博物院、陕西历史博物馆、首都博物馆等 11 家文博单位合作推出，9 月 26 日～11 月 15 日在方厅地下一层 A 展厅举办。

展览贯彻习近平总书记关于文化遗产保护的系列重要论述精神，把互联网的创新成果与中华传统文化的传承、创新与发展深度融合，深入挖掘和拓展文物蕴含的历史、艺术、科学价值和时代精神，以数字技术的呈现方式，给大众带来一场具有沉浸式体验的探索之旅。

基于文物背后不同的文化主题，展览打造了"天人相合：神明与礼制""有典有章：理性与秩

北京市文物局局长陈名杰出席"和你在一起——北京市文联成立 70 周年成就展"开幕式

观众参观"和你在一起——北京市文联成立 70 周年成就展"

序""美善合一：匠心与技道""翰墨文心：风骨与气韵"及"文以化之：交流与融合"五个主题空间，观众可以在展览构建的不同"时空舱"中感受多种文化内涵。

展览的互动体验与视觉呈现有赖于多项高新技术支持。例如腾讯 AI Lab 依托前沿的图像生成技术，通过训练 AI 学习模型，模仿书法的形体及神韵，在展览中呈现 AI 书法；腾讯云 AI 专为首都博物馆打造了一款运用 AI 图像识别的小程序，用户使用小程序拍摄身边物品，可图像识别出外观最接近的文物；腾讯多媒体实验室则为

展览提供了声学技术支持与听觉解决方案，实现每个分区声场清晰流畅。

从各合作文博单位筛选出的数字文物展品，通过符号、哲学、艺术、科技等独特角度，以科技展现手段及互联网化视角被重新"解码"；以通俗易懂又充满前沿科技感的方式让大众领略中华文明和文物的魅力，进一步树立文化认同与自信，回溯历史，着眼现代，展望未来。展览共包含数字展品 27 件。

（责任人：李陶 大纲撰写及形式设计：腾讯科技（深圳）有限公司）

文物的时空漫游——腾讯"互联网＋中华文明"数字体验展

4. 龙马精神海鹤姿——马连良先生诞辰 120 周年纪念展

展览由首都博物馆、北京马连良艺术研究会共同主办，12 月 22 日～ 2021 年 5 月 23 日在地下一层 M 展厅举办。

2021 年是马连良诞辰 120 周年，他是中国

京剧里程碑式的代表人物，一生经历了清朝、中华民国、中华人民共和国三个时代，透过他半个多世纪的舞台生涯可以看到，他的艺术植根于中国传统，却不墨守成规，不断推陈出新，作为"马派"艺术的创始人，列入京剧"前后四大须生"，给世人留下许多经典剧目和宝贵文化遗产。展览

以其生平经历和舞台艺术为主线，通过 100 余件（套）珍贵文献、京剧文物及图片、影像资料展现他的舞台生涯和"马派"艺术精华。展览分为须生泰斗、温如剧艺、菊坛流芳三部分，旨在普及京剧知识，弘扬中国优秀传统文化，使观众走近京剧，感受京剧艺术的魅力。

（责任人：魏宇澄　大纲撰写：倪琍　形式设计：李光远）

龙马精神海鹤姿——马连良先生诞辰 120 周年纪念展

临时展览一览表

展览名称	展览时间	展出地点	主办单位
1420：从南京到北京	1 月 17 日～6 月 28 日	方厅一层 B 展厅	首都博物馆、南京博物院、南京市博物总馆
和你在一起——北京市文联成立 70 周年成就展	9 月 1 日～11 月 1 日	方厅三层 D 展厅	北京市文学艺术界联合会
文物的时空漫游——腾讯"互联网＋中华文明"数字体验展	9 月 26 日～11 月 15 日	地下一层 A 展厅	腾讯科技（深圳）有限公司
第九届"兰亭杯"北京中小学生书法大赛获奖作品展	12 月 8～20 日	圆厅三层 I 展厅	共青团北京市委员会、北京市教育委员会、北京市政协教文卫体委员会、中共北京市委宣传部、北京市关心下一代工作委员会、北京市文学艺术界联合会、少先队北京市工作委员会、北京市归国华侨联合会
龙马精神海鹤姿——马连良先生诞辰 120 周年纪念展	12 月 22 日～2021 年 5 月 23 日	地下一层 M 展厅	首都博物馆、北京马连良艺术研究会

（三）赴外展览

1. 读城——大美北京

展览由首都博物馆策划，10 月 1 日～2021 年 5 月 2 日在新疆和田地区博物馆举办。该展览的开幕标志着"大美北京——庆祝中华人民共和国成立 71 周年"暨"我们的中国梦·中华文化耀和田"首都文化月活动正式启动。

为了让和田地区的观众更全面地了解古都北京的历史文化、空间构成、文化意义和发展潜力，展览主创团队在"读城"往期展览的基础上，结合哈密、吐鲁番、伊犁、石河子等地巡展成果，对展览内容进行了重新编排和整合，从城池、四合院、中轴线三个视角，用"传承美""格局美"和"精神美"系统表达了北京历史文化的源远流长、壮美秩序和魅力神韵。通过展览，不仅集中展示首都北京丰富多彩的文化遗产，更让新疆各族同胞感受到首都人民的深厚情谊，增强对伟大祖国和中华优秀传统文化的热爱。

（责任人：张余　大纲撰写：白树军　形式设计：陈思）

2. 鼎立千秋——鼎与简的对话

展览由北京市文物局、中共龙山县委和龙山县人民政府主办，首都博物馆、里耶管理区管理委员会和里耶古城（秦简）博物馆承办，11 月 7 日～2021 年 3 月 28 日在湖南省龙山县里耶古城（秦简）博物馆展出。

展览以首都博物馆藏文物秦"三年诏事"铜鼎为中心，从天命威权、形制变迁、度量定制、书同文字四个部分延伸，挖掘鼎这一器物作为中华文化神圣符号背后所承载的多重文化内涵。里耶古城（秦简）博物馆的 8–517 征收户赋简牍、9–2296 物品管理简牍和 9–19 用餐情况简牍则分别记录了启陵乡户赋征收之事、迁陵县官府档案中关于布帛类物品的管理情况以及疾已等人的用餐情况。此组简牍涉及秦代迁陵地方行政管理的

相关领导参观"读城——大美北京"展览

"鼎立千秋——鼎与简的对话"展

方方面面，留存度量衡制度在实际应用中的真实状况，以小见大，展示秦朝大一统中央集权制度在全国各地有效实施。

展览通过秦鼎与秦简的深度"对话"，以不同载体折射出秦代社会的多个侧面——既有横扫六合、四海归一的博大胸襟，亦有日常生活中透出的高超智慧，二者交相辉映，碰撞迸发出秦代大一统王朝绚烂文明的光焰，从不同角度立体呈现了秦代历史文化。

（责任人：白佳好　大纲撰写：陈思　形式设计：李光远）

3. 马可·波罗笔下的"树皮"和"偶像"——首都博物馆馆藏元代货币及藏传佛教造像艺术展

展览由首都博物馆策划，12月4日~2021年11月22日在北京市政协委员文化交流厅举办。

意大利人马可·波罗撰写的《马可·波罗行纪》在全世界范围内广泛流传，此次展览的两个主题——货币和藏传佛教造像也以"树皮"和

"偶像"之名出现在《行纪》之中。马可·波罗详细记载了以"桑树皮"为原料的纸币是如何制作和使用的；在行至土番州（西藏）时，他注意到了居民以贵重的珊瑚来装饰"偶像"（佛像）。

元朝是中国历史上由少数民族建立的统一多民族国家，元代货币发展和藏传佛教造像艺术充分体现了中华民族文明大一统与多元融汇的特征。元代纸币是中国三千余年货币文明史上灿烂的一页，为货币的发展做出了重要贡献，开世界纯纸币流通先河，并凭借辽阔的疆域将纸币信用思想传播到欧亚多国。元代藏传佛教及其艺术大规模传入内地，进一步促进了多民族文化的融合，对多元一体的中华民族文化的形成和发展产生了重要影响。

展览汇集钱币和佛像类展品共计 57 件（套），通过这些展品，带领观众发现"树皮"与"偶像"的真实面貌。

（责任人：田辛酉　大纲撰写：刘丞、王显国　形式设计：李赫）

4. 读城——追寻历史上的北京城池

展览由首都博物馆策划，12月29日~2021年3月25日在西安半坡博物馆举办。该展览从教育的视角出发进行设计，为青少年量身打造，展示了历史上北京城池的位置变迁、设计布局、建筑工艺、功能规划及遗存现状等内容。

为突出地域特色，展陈设计将城池的早期雏形半坡聚落以及中国史前时期其他具有城池特点的代表性遗址、历史上西安城池的演变等内容与本次展览内容巧妙融合，并对原有内容进行扩充。通过文字、图片、视频资料，并融合线上线下的

马可·波罗笔下的"树皮"和"偶像"——首都博物馆馆藏
元代货币及藏传佛教造像艺术展

教育体验活动，综合展示历史上的北京城池以及中国城池的起源、发展和演变过程，对多个知识点进行问题设计，增加了展览的趣味性。

展览充分结合学校课程、教育活动，引导学生了解北京、西安等古代城池的发展演变进程以及与人类社会文明进步的密切关系。这也是"读城——追寻历史上的北京城池"展览与半坡文化、西安当地特色文化相结合的有益尝试。

（责任人：郑菲　大纲撰写：王新迎　形式设计：钟梅）

在半坡博物馆举办"读城——追寻历史上的北京城池"展

赴外展览一览表

展览名称	展览时间	展出地点	文物数量
读城——大美北京	10月1日～2021年5月2日	和田地区博物馆	无
鼎立千秋——鼎与简的对话	11月7日～2021年3月28日	湖南省龙山县里耶古城（秦简）博物馆	3件（套）
马可·波罗笔下的"树皮"和"偶像"——首都博物馆馆藏元代货币及藏传佛教造像艺术展	12月4日～2021年11月22日	北京市政协委员文化交流厅	57件（套）
读城——追寻历史上的北京城池	12月29日～2021年3月25日	西安半坡博物馆	无

（四）创意开发

1. 文创产品开发与销售

在"大文创"概念下，结合传统民俗节日推出"康、富、德、贵、寿·天下福"首都博物馆迎春文化庙会，开启2020年系列文化活动。此后受新冠肺炎疫情影响，从4月开始，采取线上直播的方式先后推出"立体纸创嘉年华""六一儿童节线上云荐书"等活动15场，累计点击量近300万人次。6月，联合中国出版传媒商报共同发起"2020博物馆童书阅读推广系列活动"2场，为儿童观众与出版社搭建了桥梁。9～10月，举办以"共克时艰、抗疫同行"为主题的系列文化活动，通过现场讲解、互动体验，丰富疫情防控期间北京市民的文化生活。配合中国传统节日策划推出"爱在七夕""不一样的中秋""情暖重阳"等延时开放文化活动4次，加深参与者对中国传统节日的记忆。

结合"读城"系列展览及常设陈列设计开发教育课程，包括"读城·走进博物馆——我与国宝同框"少儿绘画作品展、"历史上的北京""探秘北京中轴线""中国器物之美——瓷言秘语""中国器物之美——青铜畅想""小小讲解员"系列课程，累计招募311个亲子家庭参与。

首都博物馆迎春文化庙会

"共克时艰、抗疫同行"文化活动之烙画

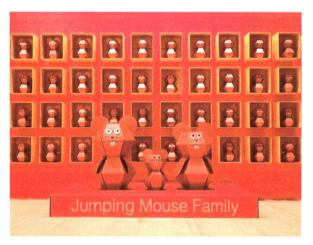

"纸鼠于你"立体纸创嘉年华

"不一样的中秋"文化活动

"探秘北京中轴线"课程

"小小讲解员"课程结课合影

全年共推出文创衍生品 44 种，如以"1420：从南京到北京"展览为创意元素开发的文创衍生品 18 种，包括生活用品类、装饰类以及教育类；为"龙马精神海鹤姿——马连良先生诞辰 120 周年纪念展"开发的"同伶十三少"茶包及声音棒棒糖 2 款文创衍生品；配合于 2021 年举办的"伟大征程——庆祝中国共产党成立 100 周年特展"而先期开发的文创衍生品 20 种，包括生活用品类、学习用品类、装饰类和环保纸质产品类。除配合展览开发的文创衍生品外，还与老舍茶馆合作开发 4 款茶文创。全年文创衍生品销售额共计 109 万元。

为"1420：从南京到北京"展设计的文创衍生品
寻宝图（左）和蓝底龙纹团扇（右）

为"龙马精神海鹤姿——马连良先生诞辰 120 周年纪念展"
开发的"同伶十三少"茶包

"伟大征程——庆祝中国共产党成立 100 周年特展"系列文创衍生品

"伟大征程——庆祝中国共产党成立
100 周年特展"文创蜡烛

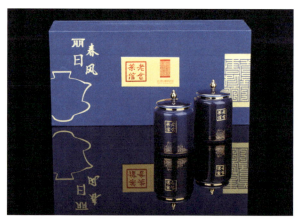

"伟大征程——庆祝中国共产党成立
100 周年特展"替芯笔记本

与老舍茶馆合作开发的茶文创

2. 文创宣传、展示和对外交流

9月5～9日，参加在北京国际会议中心举办的"2020年中国国际服务贸易交易会"，展出文创衍生品130余款，重点推出"1420：从南京到北京"和"伟大征程——庆祝中国共产党成立100周年特展"两个临时展览的系列文创衍生品，吸引大批观众前来参观。

"2020年中国国际服务贸易交易会"首都博物馆展位

"2020年中国国际服务贸易交易会"期间
首都博物馆工作人员向北京市文物局局长
陈名杰介绍文创工作

"2020年中国国际服务贸易交易会"期间首都博物
馆工作人员向北京市文物局副局长向德春、二级
巡视员刘正品介绍文创工作

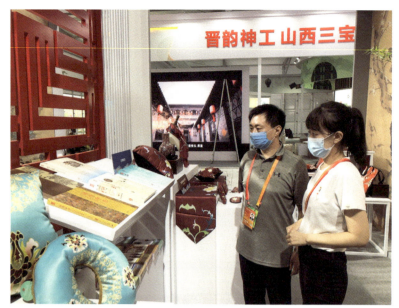

"2020 年中国国际服务贸易交易会"期间北京市文物局副局长、首都博物馆党委书记白杰视察首都博物馆展位并指导工作

"2020 年中国国际服务贸易交易会"期间首都博物馆馆长韩战明视察首都博物馆展位并指导工作

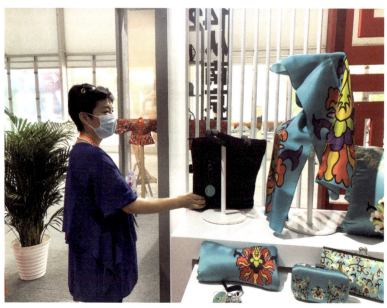

"2020 年中国国际服务贸易交易会"期间首都博物馆党委委员、新闻发言人杨丹丹视察首都博物馆展位并指导工作

11月16～20日，以线上方式参加"第十六届中国（深圳）国际文化产业博览交易会"（简称"文博会"）。北京地区有多家单位参展，首都博物馆云端展厅被置于文博会首页位置。在云端1号馆，观众能看到近两年首都博物馆举办的临时展览视频；在云端10号馆，观众可以看到首都博物馆各种文创产品的高清图片。

12月25～29日，参加在长春国际会展中心六号馆举办的"国风·国韵·国潮"——吉林冬季文博资源博览会。吉林省委书记景俊海专程到首都博物馆展区参观，详细听取文创办主要负责人汇报首都博物馆展讯和文创发展，并祝福首都博物馆越办越好。北京冬奥组委专职副主席、秘书长韩子荣陪同参观。在本次博览会上，首都博物馆主推"松石绿地粉彩蕃莲纹多穆壶""珊瑚红地珐琅彩花鸟纹瓶""青花凤首扁壶"系列明星文创衍生

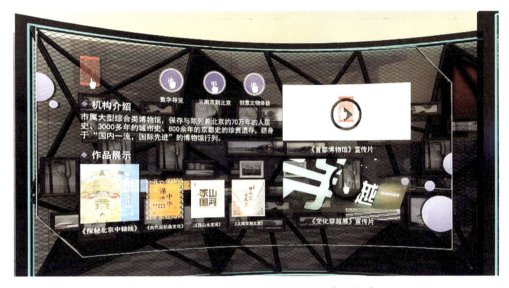

"第十六届中国（深圳）国际文化产业博览交易会"
首都博物馆云上展厅

"国风·国韵·国潮"——吉林冬季文博资源博览会首都博物馆展位

"国风·国韵·国潮"——吉林冬季
文博资源博览会期间吉林省委书记景
俊海视察首都博物馆展位

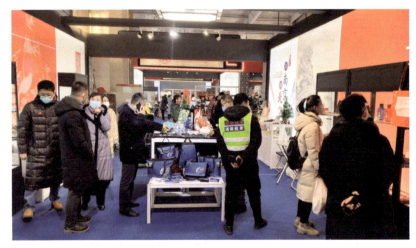

"国风·国韵·国潮"——吉林冬季
文博资源博览会期间首都博物馆展位
吸引大批观众参观

"国风·国韵·国潮"——吉林冬季
文博资源博览会期间观众欣赏首都博
物馆明星文创产品"青花凤首扁壶"

品，获得"最佳展示"奖。

3. 文创专委会工作

虽然受到新冠肺炎疫情影响，但文创产品专业委员会（简称"文创专委会"）在中国博物馆协会的指导下，在各成员单位的大力支持下，努力推进各项工作，取得了一定的工作成绩。

（1）组织"抗击新冠疫情，让文化点亮生活——向湖北武汉地区捐赠文化文创产品活动"

3月，文创专委会向全体会员单位发起为湖北武汉地区捐赠文化文创产品，丰富居家隔离期间社区居民精神文化生活的倡议。捐赠倡议发出后，各会员单位积极响应，至捐赠活动截止，共收到34家博物馆捐赠图书3379册，文创产品225种24700余件。捐赠物资接收和分配工作组在最短的时间内把这些文化产品发放到当地居民手中。

由湖北省博物馆、武汉市中山舰博物馆、武汉市博物馆、武汉革命博物馆、辛亥革命博物馆、中共中央机关旧址纪念馆人员组成的接收和分配工作组统筹安排捐赠事宜

吉林省博物院（左上）、陕西历史博物馆（右上）、河北博物院（左中）、浙江省博物馆（右中）、上海博物馆（左下）、成都杜甫草堂博物馆（右下）积极组织捐赠文化文创产品

（2）积极发展新会员

年内共吸收9家新会员单位，包括8家博物馆和1家企业单位，截至年底，文创专委会成员单位达到152家。

（3）年会和论坛

9月24日，中国博物馆协会文创产品专业委员会年会暨"跨界与融合：博物馆文创发展新动能"论坛在西安举办，共有包括博物馆和文创企业在内的110余家会员单位150余位代表参加。中国博物馆协会理事长刘曙光参加年会，并在讲话中对博物馆文创工作提出希望，即站位要高，文博人要深入领会习近平总书记对文化工作的各项重要讲话内容，意识到文化工作对于各方面建设的重要性，要树立大的文创观。他号召博物馆人在保持平实作风的前提下，用更加开放的心态和姿态投入到文创工作中，把视野放宽，把合作的思路放活。文创专委会主任委员、首都博物馆党委书记白杰在会上发言。

中国博物馆协会理事长刘曙光讲话

文创专委会主任委员、首都博物馆党委书记白杰发言

首都博物馆
年鉴·2020

四

公众
服务

全馆积极应对、严密组织，圆满完成疫情期间的开放接待任务，持续为广大观众提供安全、舒心的参观游览环境，实现开放服务"零感染"既定目标。同时，继续以"大社教"理念指导社会教育工作，克服新冠肺炎疫情影响，做好"四个一"学生团体接待、临展及专题社教活动、展览讲解和志愿者队伍建设工作。对外宣传方面，充分调动社会媒体力量，发挥自媒体优势，在疫情期间积极探寻新路径、新方法，多渠道、多角度推进首都博物馆特色宣传工作。

（一）开放接待

1.总体情况

4月，根据疫情防控整体工作部署，在充分考虑防控工作要求、岗位人员设置、实际开放空间、防疫物资保障、应急处置手段等各个环节的基础上，制定《新冠肺炎疫情防控期间首都博物馆开放方案》。召开专题会议3次，对相关工作进行部署；组织业务培训2次，帮助开放一线员工尽快熟悉业务流程、掌握防控要求，引导员工消除顾虑、达成共识，充分做好疫情防控期间安

全开放的准备工作。

5月1日，首都博物馆恢复开馆。为确保工作质量，开放工作管理人员率先垂范，主动坚守在工作时间最长、任务最重、与来访观众接触交流最频繁的岗位，定样板、立标准，为疫情防控期间开放接待工作常态化、规范化打下良好基础。以开放与安保部为主力，在馆内多个职能部门党员骨干的大力支持下，克服人员短缺、点多线长、要求提高等困难，确保开放服务工作安全、有序展开。

年内共接待观众297015人次，未出现疫情防控相关和观众人身安全问题，圆满实现疫情防控期间安全、有序开放的既定目标。

2.开放管理

（1）日常咨询

全年共接待咨询36705人次（其中外宾53人次），受理观众现场意见反馈及投诉1次。

（2）电话预约

受疫情影响，首都博物馆实施预约限流开放模式，全年累计接听观众电话10128次，整理观众留言343条，处理观众意见反馈5项。

（3）资料发放

为配合展览及重大活动的举办，全年发放

疫情防控期间安全开放培训

电话预约服务

疫情防控期间有序开放

帮助观众完成入馆流程

各类宣传资料 282508 份，其中常设展览资料 163753 份，临时展览资料 100755 份，既往展览资料 18000 份。

（4）开放区服务

除常备轮椅、童车、雨具等用具外，结合疫情防控工作实际，全年免费向观众提供口罩 800 余只、免洗消毒液 50 余瓶。先后 7 次主动联系失主归还现金、银行卡、手机及电脑等贵重物品；15 次妥善救助伤病观众；全年共捡拾观众遗落物品 72 次，归还 57 次；物品寄存 27885 人次，租借童车 144 次、轮椅 130 次。

3. 观众调查

克服疫情影响，继续与上海执天企业管理咨询有限公司深入合作，推进"首都博物馆接待服务质量满意度调查工作"项目，就首都博物馆票务服务、安检服务、寄存服务、餐饮服务等 12 项指标，针对到馆观众，以问卷方式进行满意度调查，经过分析研究发现首都博物馆在开放服务接待过程中存在的不足并加以改进。全年接待服务质量满意度为 98.5%

4. 延时开放

每周六 17 ~ 20 点的延时开放是服务首都人民、展现首都博物馆风采的常态性工作。年内，结合疫情防控期间开放工作实际，通过干部带班、细化流程、灵活配岗等方式，克服一线人员缺口大、开放工作标准提高等困难，推动该项工作顺利展开。疫情期间，大多数开放服务一线岗位如票务、引导、测温登记等均设置在馆外围区域，使工作难度有所增加，但是全体开放岗位员工仍自觉按照《新冠病毒疫情防控期间首都博物馆开放方案》标准，克服温度、环境、照明等各方面困难，完成延时开放 21 场次，累计接待观众 6684 人次。

同时，为配合延时开放工作，物业部提前做好设备设施运行时间及参数的调整、馆内外照明系统的维修改造、保洁人员的调配等准备工作，合理安排各专业员工加班，保障延时开放期间设备设施的正常运行和维护，提供必要的工程保障服务。

5. "四个一"学生团体接待

结合疫情防控要求，对原有的"四个一"学生团体接待方案进行完善，细化学生团体入馆路径、测温登记、馆内引导、处突应对等各环节工作流程标准，确保参观过程顺畅，年内未发生任何安全问题。

（二）社教活动

受新冠肺炎疫情影响，年内主题教育活动主要包括围绕基本陈列、临时展览和重要节日进行的专题教育活动，活动地点除首博馆内，还增加了其他地区博物馆、学校、文化机构等。共举办针对不同受众群体、各种类型的主题教育活动 383 场，直接参与受众 8989 人次，其中未成年人参与 7654 人次（该数据包含"四个一"教学课程）。

1. 打造"四个一"教育服务品牌

因疫情影响，上半年"四个一"教育活动暂停开展，下半年为贯彻落实北京市教委统筹做好疫情防控常态化条件下中学生校外实践活动要求，按照"积极、稳妥、安全"原则，北京市中学生"四个一"活动重新启动，周二至周五每天接待学生 600 人左右，每半天只接待一所学校。下半年共接待参观学校 54 所，学生总数 7480 人次，讲解 1743 场次，共计 1743 小时。

2. 临展专题教育活动

围绕"读城——探秘北京中轴线"展，举办专题教育活动共计 32 场，1441 人参与。其中"读城之北京中轴线"系列讲座第一季共举办 7 场，"策展人走进新疆和田"主题讲座、河北固安孔雀城幸福图书馆主题讲座各 1 场；配合"读城"展走进新疆和田，举办"文化润疆再启航，读城——大美北京"系列活动7场，并为展览培训和田地区维、汉两族中学生讲解员10人，让他们在展览活动中接受中华传统文化的熏陶，成为青少年文化使者。

继续推进"读城"博物馆系列课程。"读城进校园"走进北京市第八中学，策划开展"视域创意""我是小小文物医生""读城——讲解员是怎样炼成的""古建灵魂——榫卯"共四个类别16场课程。

和田"读城——大美北京"展学生观众参与社教活动

"读城进校园"走进北京市第八中学

配合"龙马精神海鹤姿——马连良先生诞辰120周年纪念展",策划实施"最佳票友——马派剧目唱段招募活动",征集京剧爱好者演唱的"马派"剧目唱段音频。该活动参与者30人,提交作品47件,从中选出"最佳票友",在马连良纪念展展厅内拍摄戏装照片。

3. 重要节日专题教育活动

（1）"七夕·情满四合院"主题活动

此次活动以传统四合院文化中的"情"为背景,邀请30对情侣、夫妻参与七夕专场主题活动,通过游戏竞技动手拼插"垂花门"模型;讲述关于自己跟四合院的爱情故事;到"京城旧事——老北京民俗展"展厅去寻找一起搭建的四合院模型原物,促进感情交流,让情侣、夫妻观众在博物馆中进行一次特别约会,共度七夕。

（2）国庆、中秋双节特色晚场活动

10月1日,恰逢国庆、中秋双节及"读城——大美北京"展在和田地区博物馆开幕,为此特别

"七夕·情满四合院"主题活动

党委书记白杰出席"七夕·情满四合院"主题活动

国庆、中秋双节特色晚场活动

邀请北京、和田 50 组亲子家庭，通过视频连线方式，在两地同时举办"庆祝中华人民共和国成立 71 周年暨两地各民族家庭共话中秋团圆"活动。两地分别开展"花长好 月长圆 人长寿"石鼓文书法作品临摹和手绘兔儿爷等亲子教育活动，激发参与者对中华传统文化的兴趣和对各民族文化的深入理解，促进文化融合与国家认同。

（3）"爱在重阳"主题晚场活动

10 月 25 日（农历九月初九），举办"爱在重阳"主题晚场活动，邀请 30 组老年亲子家庭，"一老一小"共同了解重阳节的来历和习俗，老人和小朋友一起参观展览，体验互动游戏项目滚铁环、抽陀螺等，追寻童年。

4. 特殊活动

"护航计划·首博读城"项目是宣教部与中国儿童少年基金会合作推出的公益项目，面向初、高中生，通过短期系列培训课程，助其建立文化

自信，担当文化交流小使者。

"读城"系列展览，是 2015 年起为青少年量身定制的原创互动品牌展教项目。2019 年 12 月 21 日～2020 年 12 月 20 日，举办了该系列的第三期展览"读城——探秘北京中轴线"。2020"护航计划·首博读城"集训营以北京中轴线为主题，引导青少年多维度、多角度认识北京中轴线，从其形成、变迁到发展，再到与之相关的建筑、人文，辅以丰富多彩的互动体验和探究思索，帮助青少年立足博物馆，读懂北京城、热爱北京城，最终成为"读北京、知中国、看世界"的文化交流小使者。

5. 讲解服务

全年共有专职讲解员 9 名，芳华讲解员 28 名，其中主管 2 名。在人数有所减少的情况下，所有讲解员克服新冠肺炎疫情影响，在闭馆居家办公期间根据工作任务和职责，提前进行规划，为恢

"爱在重阳"主题晚场活动

复开馆做好准备。

全体讲解员于4月28日进行了恢复开馆的培训演练,8月10～20日接受返岗业务考核(分别为展厅实操考核及笔试考核)。

在疫情仍未结束及整体接待工作量仍然较大的情况下,一方面努力做好公务接待及每天的定时讲解,另一方面保证了"四个一"学生团队参观的讲解工作圆满完成。

(1)各类型讲解工作

为满足零散观众的基本讲解需求,5月1日起全体讲解员正式返岗。为了让观众及时了解讲解信息,在一层咨询台旁设置醒目的"免费定时讲解时间安排表"告示牌,并恢复礼仪大厅及方形展厅语音导览器的使用。截至12月,由讲解员(不含志愿者)负责的总讲解时间共计2857.5小时。

"四个一"学生团队的接待讲解方面,明确学生在首都博物馆的学习目标为"知北京,爱北京",并围绕这个目标结合馆内展览,为学生设计特色教育课程。在人员紧张的情况下合理安排,保证每个来馆的"四个一"班级都有讲解员带领、讲解。

(2)讲解词撰写

每位讲解员每周确保完成一定数量的文物文稿撰写,首博电台"闻I物之声"内容撰写(共10期)和儿童文物故事集锦制作,"四个一"课程大纲及《读城任务学习单》的编写工作。

(3)培训和比赛

参加由中国文物报社主办的2020年全国博物馆讲解员线上培训班,北京市文物局、北京市文物保护协会于8月24～28日联合举办的北京地区文博行业第二期线上鉴定培训班。

参加"国宝讲述人——全国文博在线讲解直播大赛"和北京市2020年"安康杯"竞赛暨线上知识答题活动。

(4)返岗业务考核

为进一步提高讲解服务工作水平,全面提升一线服务品质,根据博物馆对讲解岗位的业务要求,于8月10～20日对全体讲解员进行了返岗业务考核。由馆内专家、策展人、外聘专家等组成专家组,联合参与考核工作。采取具有针对性的多种考核形式,并在考核内容中增加了笔试部分,最终考核成绩由笔试知识、展厅讲解、现场提问三部分构成。经过严格评审,最终评定三星

为观众进行讲解

返岗业务考核

首博电台"闻｜物之声"栏目

讲解员3名，四星讲解员3名，五星讲解员3名。

（5）首博电台

自1月24日对外发布闭馆公告后，全馆跨部门在线合作，首都博物官方微信化身"首博电台"，创新推出"闻｜物之声"专题系列栏目，由首都博物馆专职讲解员、志愿者讲解员、芳华讲解队讲解员以及相关策展人通过录制音频的方式为观众线上解读文物背后的故事。疫情防控期间，该栏目在一定程度上满足了观众的精神文化需求，深受好评。

"首博电台"共发布10期，内容包括首博临展特辑、馆藏文物特辑、纪念习近平总书记视察首博6周年特辑、"三八"妇女节特辑等。首期阅读量近2万次，总阅读量6.3万次，获得"好看"数657个，收到好评留言256条。

首都博物馆志愿者为观众讲解展览

6. 志愿者队伍建设

全年共有志愿者 186 人，其中讲解志愿者 116 人，活动志愿者 4 人，开放服务志愿者 6 人，摄影摄像志愿者 12 人，荣誉志愿者 48 人。

受新冠肺炎疫情影响，自 1 月起暂停志愿服务。2019 年 12 月～2020 年 1 月 23 日，讲解志愿者讲解总时长为 537 小时，其中常设陈列时长 451 小时，临展"穿越——浙江历史文化展"时长 86 小时；摄影摄像志愿者服务各类展览开幕式、社会教育活动等共 47 场次，出勤 282 小时，拍摄照片 1926 张。

闭馆期间坚持线上服务，积极号召志愿者参与首博电台的创作与录制，共创作稿件及音频录制 60 余篇，丰富了首都博物馆疫情期间的观众服务。

5 月 1 日恢复开馆后，综合考虑疫情防控要求及志愿者实际情况，虽未能全面恢复志愿服务，但采用各种方式不断开展志愿工作；特别是摄影

5·18 国际博物馆日分享会

志愿者，作为疫情期间首批到馆进行志愿服务的团队，为讲解员复岗考核、大型活动、特色讲座拍摄了珍贵的影像资料。

在 5·18 国际博物馆日到来之际，首都博物馆志愿者积极参与北京市文物局主办的以"我和博物馆"为主题的线上征集活动，瓷器展厅志愿讲解员唐立馨作为志愿者参与代表，参加国际博物馆日当天在首都博物馆的分享会。同时，唐立

复岗志愿者和待培训新志愿者业务培训

馨还以首都博物馆志愿者身份参加了文化和旅游部主办的"2020 年港澳大学生文化实践活动"线上分享会。

恢复讲解服务后，根据疫情动态情况，小范围不间断开展了一系列培训和志愿服务。在此期间，共开展培训讲座 6 次，参与志愿者 84 人次。

10 月 13～16 日，希望工程"大眼睛"作品摄影师解海龙在首都博物馆举办新书发布会暨读者见面会，此次活动同时作为首博复岗志愿者和待培训新志愿者的一次业务培训，收到良好效果。

11 月 9 日，邀请浙江省博物馆副馆长蔡琴，做题为《丽人行——中国古代女性生活图卷》讲座，丰富首都博物馆志愿者文化生活。

12 月 4 日，为庆祝"国际志愿人员日"，特邀甘肃省博物馆社教部主任卢冬来馆，介绍甘肃省博物馆志愿者工作。同时为了加强志愿者工作交流，联合北京博物馆志愿者总队，向北京地区

甘肃省博物馆社教部主任卢冬来馆进行讲座

各博物馆发出邀请，当天包括中国地质博物馆、汽车博物馆在内的 12 家博物馆志愿者工作负责人和志愿者到场参加交流。

受疫情影响，2019 年新招募志愿者的培训工作未能如期进行，待培训志愿者共 267 人，其中讲解 173 人、摄影 26 人、活动 35 人、开放 33 人，于 2020 年内启动培训考核工作，为 2021

年志愿服务工作打好坚实基础。

另外，经资料申报、资格审核、对外公示等环节，首都博物馆16名志愿者获得"北京市第六批五星级志愿者"称号。

（三）宣传服务工作

受新冠肺炎疫情影响，积极调整工作方式方法，调动员工积极性，疫情期间集中开展线上宣传工作。打造"首博电台"等品牌宣传项目，积极参与全国文博界线上 # 文物系荆楚，祝福颂祖国 # 祝福接力热门话题活动等，保持在疫情期间的首博宣传热度；同时，与广大媒体保持良好联络和互动，及时有效向社会公开首博恢复开放、延时特色活动等信息，收到良好的社会效应，持续打造首都博物馆的品牌形象。

1. 社会媒体

继续保持与主流媒体的联系互动，扩大影响，坚持唱响主旋律，弘扬正能量的宣传导向。在疫情期间积极联络各媒体，及时告知公众开闭馆等重要信息，与主流媒体合作推出线上宣传节目等，保障疫情期间宣传的及时和准确。

春节前夕，组织"1420：从南京到北京"展览开幕暨新春发布会，30余家媒体参加，发布原创报道30余篇。在展览和活动大幅减少的情况下，组织主要媒体于5月1日对首都博物馆开馆防疫工作进行宣传报道，下半年恢复延时开放后，在重要节假日的重点活动中邀请社会媒体参与现场报道宣传。截至12月，共有近100家媒体对首都博物馆进行采访，发布原创报道100余篇，并采取了短视频直播、视屏录制、在线互动答题等形式扩大传播效果。

CCTV 节目官网 央视综艺频道"文化十分"栏目：暑期走进博物馆 首都博物馆：行走中轴线 读懂自己的城

《北京日报》报道：穿越中轴线 品读北京城

《文艺之声》广播 国际博物馆日特别节目 《快速记忆北京史的重要故事》

Cultural exhibition launched to explore Qin Dynasty historical relics

An exhibition focusing on exploring the culture and history of Chinese ding and Chinese bamboo and wooden slips from the Qin Dynasty (221BC-206BC) kicked off on Saturday at the Liye Qin Slips Museum in Longshan county, Xiangxi Tujia and Miao Autonomous Prefecture, Central China's Hunan Province.

Jointly organized by the Capital Museum in Beijing and the Liye Qin Slips Museum, the exhibition aims to choreograph a cultural dialogue between Chinese ding, a unique type of ancient Chinese cauldron, with Chinese bamboo and wooden slips, or jian du in Chinese, which were used as a substitute for paper in ancient China.

The exhibition contains various sections that explore the representations of fate and authority, changing regulations, and the measurement and customization of Chinese ding in order to explain the multiple cultural connotations of the object, which is considered a sacred symbol of Chinese culture.

The highlighted item at the exhibition is a bronze ding from the Qin Dynasty that was discovered by cultural relic workers among waste copperwares in Beijing 40 years ago. Though size-wise the ding is not too prominent, with a full height of 16.3 centimeters and a diameter of 16 centimeters, it is still one of the most precious cultural relics of the Qin Dynasty collected by the Capital Museum.

Other highlights include three Chinese bamboo and wooden slips brought by the Liye Qin Slips Museum which show administration records written during the Qin Dynasty about issues such as household taxes, archiving and management of clothing.

The exhibited items reveal information about everyday life as well as the legal system of the Qin Dynasty.

The Capital Museum has also inaugurated an exhibition branch in the Liye Qin Slips Museum to further their partnership as well as to promote the development of museum undertakings and cultural relic reservation in the region.

《环球时报》报道：Cultural exhibition launched to explore Qin Dynasty historical relics

首博开年特展《1420：从南京到北京》开幕

线上接力齐心战疫，首博馆藏文物"福"送湖北

进入 写历 阅读更多内容

新京报讯 1月17日，首都博物馆2020年开年特展——《1420：从南京到北京》拉开大幕。

本次展览由首都博物馆、南京博物院和南京市博物总馆主办，及故宫博物院、国家图书馆、首都图书馆、明十三陵博物馆、南京明孝陵博物馆、南京城墙博物馆和南京六朝博物馆协办。展览汇集了北京、南京两地的各家文博单位，共267件（套）文物展品，其中一级品37件（套）。

新京报记者 浦峰 写停峰 摄影报道

编辑 吴飞虎 校对 危卓

新京报客户端《首博开年特展"1420：从南京到北京"开幕》（左）

光明网《线上接力齐心战疫，首博馆藏文物"福"送湖北》（右）

2. 自媒体

利用网络及微博、微信、快手短视频等新媒体开展宣传推广，特别是在疫情期间开展线上宣传和互动活动，重视运用微展览、微视频等传播方式，加强线上宣传力度，为配合疫情宣传和本馆宣传进行了内容形式的创新。

（1）官方微博

官方微博主流发布运营模式包括图文微博、话题微博、视频微博以及直播微博等。年内除日常发布与首博展览、馆藏相关的微博外，还参与了新浪微博发起的全国文博界话题及活动，积极与粉丝和兄弟博物馆进行线上互动。

全年共发布微博 370 余条，粉丝量达到 54 万余人，策划发布话题 12 个。其中自主策划的话题 # 从南京到北京 #，话题下共发布 100 余条微博，话题阅读量 1332.1 万次，讨论 2337 条，单条最高阅读量 26.5 万次。在 # 首博典藏 # 话题下共发布 110 条微博，该话题阅读量 40.9 万次，讨论 106 条，单条最高阅读量 13.5 万次。# 古人山水画中晒日常 # 话题阅读量 42.5 万次，讨论 105 条，单条最高阅读量 150 万次。参与热门话题 # 国潮东方美 #，总阅读量 5 亿次，讨论 11.4 万条，单条最高阅读量 31.5 万次。

首博典藏 # 微博视频

在疫情期间，除正常发布展览相关微博，还参与了热门话题 # 文物系荆楚祝福颂祖国 # 祝福接力活动，共选取 4 件馆藏精品文物，策划祝福语，制作接力海报并发布话题相关微博 18 条，全程参与此次线上祝福接力活动，话题整体阅读量 2.2 亿次，讨论 1.2 万条，首都博物馆发布的该话题相关微博阅读量为 54.5 万次。其中，发布馆藏精品文物克盉、克罍视频，阅读量 3.7 万次；发布珊瑚红地珐琅彩花鸟纹瓶视频，阅读量 3.3 万次；发布白玉凌霄花饰视频，阅读量 8.6 万次。配合疫情期间舆论导向，积极参与 # 云游博物馆 # 话题互动，该话题总阅读量 4.6 亿次，讨论 9.4 万条，其中首都博物馆发布相关微博 69 条，单条最高阅读量 24.6 万次。

此外，在 5·12 护士节及 5·18 博物馆日之际，向首都儿科研究所的医护人员赠送了首都博物馆文创产品。该活动受到广大网友关注，活动相关信息阅读量高达 135 万次，转发 244 次，评论 5 条，点赞 276 次。

视频类微博主要以配合节庆、节气发布相关视频的形式为主，共 15 个，单条最高阅读量 1.4 万次。围绕馆藏精品发布的视频微博单条最高阅读量 8.8 万次。发布 4 场微博直播，分别是"纸·鼠于你嘉年华"相关直播 3 场，观看人数 2.2 万人次；"读城——探秘北京中轴线"直播 1 场，观看人数为 6766 人次。

向首都儿科研究所的医护人员赠送首都博物馆
文创产品相关微博

"读城——探秘北京中轴线"直播

#从南京到北京#微博话题

（2）官方微信

官方微信公众号全年共发布微信46期，共计76条原创内容，阅读量共计48万次，点赞(好看)数共计4823次。其中疫情期间以"首博电台"内容为主，阅读量共计6.3万次，点赞（好看）数共计657次，留言256条。通过"征·文物"菜单共征集文物8件。

受疫情影响，"约·活动"和"约·讲座"数量减少，共制作并发布活动预约19场，其中延时开放参观活动预约13场；制作并发布讲座预约共计21场，其中包括"蓟下博谈·公众课堂"预约10场（"蓟下博谈·公众课堂"自8月移师石景山区文化中心举办，并由中心负责预约工作，11月起恢复在首博微信平台进行预约）。

由于微信端开放参观门票预约服务，导致用户数量激增。年内，微信公众号用户总数达到376055个，较2019年增长45%。尤其是8～10月，随着逐步扩大开放，每月用户数平均增长率为7.7%。

微信端恢复开馆公告

新展预告|首博跨年特展"龙马精神海鹤姿——马连良先生诞辰120周年纪念展"即将开幕

▲《赵氏孤儿》剧照

▲ 褙子
20世纪50年代
马连良家属捐赠
首都博物馆藏

首都博物馆　　2020.12.14

2020年余额已不足，但首博的跨年特展即将拉开序幕。这个展览是关于中国传统艺术中的"国粹"——京剧，也是为纪念一位中国京剧里程碑式的代表人物，"马派"艺术创始人，京剧"前后四大须生"之一的马连良先生。

2021年是马连良先生诞辰120周年，值此之际，由首都博物馆和北京马连良艺术研究会主办，北京京剧院、梅兰芳纪念馆、上海京剧院协办的《龙马精神海鹤姿——马连良先生诞辰120周年纪念展》将于12月22日开幕，以此缅怀马连良先生，追忆他的艺术生涯、舞台魅力，纪念他对中国戏曲事业所做出的杰出贡献。

褙子（xué zi）是京剧传统剧装（梨园界人称"行头"）中用途最广、最为常见的便服。此作为《赵氏孤儿》末场程婴的服饰。1959年北京京剧团排演《赵氏孤儿》，是马连良晚年的集大成作品。

马连良作为20世纪中国举足轻重的京剧大师之一，享誉海内外，他的名望颇高，交游甚广，往来皆是社会名流、文化名士、政治巨擘。他们因戏结缘，惺惺相惜，艺术上相辅相成，共同谱写时代经典。如同富连成社培养了源源不断的梨园子弟，从科班走出的马连良也为戏曲教育付出了心血，传道授艺、提携后辈，可谓艺术千秋惠后人。

▲《探母回令》剧照，梅兰芳饰演
铁镜公主、马连良饰演杨延辉
（右）

我们透过马连良半个多世纪的舞台生涯，看到他的艺术根植于中国传统，却不墨守成规，不断推陈出新，他曾说道："表演艺术没有继承没有基础，没有创造就不能发展。"诚哉斯言！12月22日，让我们一起相会首博，领略马连良先生的艺术人生，走近京剧，感受"国粹"的魅力。

展览名称

龙马精神海鹤姿——马连良先生诞辰120周年纪念展

展览时间

2020年12月22日——2021年5月23日

展览地点

首都博物馆地下一层M展厅

点击左下方"阅读原文"
预约入馆看展

编辑：罗丹
排版：颜芳
摄影：谷中秀　梁刚　张京虎　朴识

微信端展览预告

2020年新展|"1420：从南京到北京"展览开幕

首都博物馆

六百年前，明北京城建设完成，并以北京之名定名该城，延续至今。六百年后，作为北京城市博物馆的首都博物馆，联合南京博物院、南京市博物总馆，向国人讲述这段往事，带观众穿越历史，感悟两座伟大城市的跨越和一个伟大国家的向心。

春节倾情奉献，开年重磅大展
——首博人给您拜年啦！

1月17日上午，首都博物馆礼仪大厅举行了隆重的开幕仪式，2020年开年特展《1420：从南京到北京》拉开大幕。

展览将持续到2020年6月28日结束。在展览期间还将举办和"读城——探秘北京中轴线"展览的双展联动系列活动，为观众更加全面深入的解读北京城。

1420 FROM NANJING TO BEIJING
从南京到北京

展览名称
1420：从南京到北京

展览时间
2020年1月17日——2020年6月28日

展览地点
首都博物馆一层B展厅

扫码预约看展

编辑：罗丹
排版：任祥清
摄影：张京虎

微信端展览开幕报道

（3）官方网站

中文官方网站充分发挥宣传推广阵地的重要作用。全年编辑发布最新展览栏目 3 篇，展览信息发布内容包括重点展品的图片及文字介绍、展厅照片欣赏；独立策划并制作展览的网站首页 FLASH 2 条，并配合发布相关展览图片；发布快讯、公告等各类信息 60 余条，发布《博物院》杂志共 6 期；按照各项活动的举办时间随时更新网站首页的"活动日历"版块；更新"展览闪秀"栏目 FLASH 9 条。

受疫情影响及预约入口统一改为微信端，网站收到的观众留言较往年有所减少，全年共收到留言 322 条，邮件 255 封，共回复邮件 50 余封。截至 12 月，中文官方网站访问者共计 567014 人，不重复新访问者 475893 人，累计浏览量 2790972 次。

疫情期间，中文官网及时保障对公众公示开闭馆等重要信息，同时编写《关于进一步改进首都博物馆网站建设的调研报告》，旨在为未来中文官网的调整或改版提出方向和建议。

年内完成入驻百度"百家号"工作，查阅地点为手机"北京日报"APP 中的北京号栏目，9 月正式在该平台发布信息。截至 12 月，北京号累计阅读量 343 次，热度共计 5014 次。

尽管受到疫情影响，英文官方网站仍然发挥了对外传播的重要作用。截至 12 月，英文官网日均点击数为 8112 次，日均页面浏览量为 37023 次，日均访问次数为 11326 次，其中最受欢迎的页面为"读城"专题，境外流量占网站总体流量的 44%。北京市文物局以《首都博物馆通过英文官网助力优秀传统文化走出去，英文官网访问人数再创新高》为题向北京市委宣传部上报信息，得到部领导的高度肯定。

· 首都博物馆英文网站最受欢迎的文章 TOP10

1. Read the City – Exploring the Central Axis of Beijing

2. Terms of Use

3. 1420 From Nanjing to Beijing

4. 2017 Second–Half Public Recruitment Notice of the Capital Museum

5. Folk Customs in Old Beijing

6. The Art of Chinese Landscape Paintings from 12th to 20th Century

7. The History and Culture of Zhejiang Province

8. Splendid China – Exhibition of Ancient Chinese Textiles

9. Qinghai in the Belt and Road

10. Queen, Mother, General: 40th anniversary of Excavating Shang Tomb of Fu Hao

· 首都博物馆英文网站访问量最高的国家及地区 TOP10

1. 中国 58.51%

2. 美国 25.86%

3. 罗马尼亚 1.99%

4. 日本 1.59%

5. 加拿大 1.28%

6. 英国 0.88%

7. 澳大利亚 0.64%

8. 法国 0.56%

9. 德国 0.54%

10. 南非 0.47%

· 首都博物馆英文网站访问量最高的省份 TOP10

1. 北京 36.66%

2. 江苏 12.04%

3. 广东 3.59%

4. 河南 3.04%

5. 浙江 2.61%

6. 河北 2.24%

7. 安徽 1.86%

8. 山东 1.76%

9. 江西 1.21%

10. 香港 1.14%

（4）其他融媒体

受疫情影响，线上媒体成为博物馆宣传的重要阵地，首都博物馆也积极利用各类融媒体资源，进行线上宣传活动。特别是在 2 ~ 6 月间，首都博物馆官方快手账号、抖音账号、一直播账号、"今日头条"账号在线上创造话题 # 走码观展 #，以短视频和直播的形式带领观众观看各种社教和宣传活动。17 个视频作品的总观看量为 54 万次，14 场直播的总观看量为 564 万次，其中"博物馆主题童书"活动 237 万次，"纸属于你"活动 186 万次，"七夕情满四合院"活动 60 万次，"穿越——浙江历史文化展"37 万次，"读城——我与国宝同框"活动 42 万次，"读城——探秘北京中轴线"6000 次。 此外，首都博物馆官方"北京时间"账号共发布 12 篇稿件，浏览量 5.1 万次；官方"B 站"账号发布《云讲国宝》2 个作品，观看量千余次。

3. 宣传品印制

为加强对外宣传力度，扩大首都博物馆展览和社教活动的影响，印制常设陈列"古都北京·历史文化篇""京城旧事——老北京民俗展""古代佛像艺术精品展""古代瓷器艺术精品展"宣传单页各 120000 张，"古代玉器艺术精品展""燕地青铜艺术精品展"和"千年宝藏 盛世重光——北京古代佛塔文物展"宣传单页各 80000 张。为临时展览"龙马精神海鹤姿——马连良先生诞辰 120 周年纪念展"印制折页 30000 张、邀请函 300 张。印制"读城"观展手册 10000 册。印制各类社教宣传活动印刷品，包括爱国主义教育基地宣传折页 500 张和易拉宝 6 个，国际博物馆日活动易拉宝 1 个，七夕活动卡片 300 张，印制和搭建中秋节、重阳节活动背景板。印制《2019 年首都博物馆快报》12 册、《2019 年首都博物馆内部情况通报》12 册以及首都博物馆中英文简介小册子 2000 册。

首都博物馆
年鉴·2020

五

安全工作

受新冠肺炎疫情影响，首都博物馆从 1 月 24 日开始闭馆，大部分员工居家办公，给全馆的安全工作带来较大困难。为此，全馆执行"二级"防控预案，坚持馆领导带班，干部值班制度，全体值守人员"不畏艰险、冲锋在前"，未出现一起缺岗或漏岗情况，为首都博物馆在疫情期间的安全稳定及"零感染"目标的实现做出突出贡献。同时，坚持"加强领导、明确分工、落实责任、齐抓共管"的安全工作理念，在 5 月 1 日恢复开馆后，结合疫情防控要求，完成各项安全工作，确保首都博物馆政治、观众、文物、场所及网络安全。

（一）政治安全

党委将支部作为意识形态工作的前沿阵地，将意识形态工作与部门规范化建设、支部规范化建设有机结合，常抓不懈。各支部结合自身建设将具体任务分解到各业务归口，分析每项业务中的意识形态风险点，防范漏洞。各支部把意识形态工作纳入到部门学习和管理中，部门主任和支部书记齐抓共管，同频共振，在工作和学习过程中及时发现、纠正意识形态领域中存在的问题，并将意识形态工作的督导、教育等纳入部门行政班子例会，确保意识形态工作常态化开展，促使意识形态工作的学习、部署、教育制度化，切实做到层层把关、人人负责到位。

通过各个部门、支部的努力，守好展览展示、社教讲解、官方网站、官方微博微信、图书杂志等意识形态关口，未发生任何意识形态问题，保证了全馆的政治安全。

（二）观众与场馆安全

1. 确保疫情期间安全工作正常、有序开展

1 月 24 日闭馆后，馆内成立"疫情防控领导小组"，对场馆实施封闭管理。为确保文物安全、设备设施正常运行，在指挥中心、钥匙房、门岗、保安等重点部位安排保障人员 24 小时值守，且在开放区安排值班主任或主管每日值班以应对各类突发情况。馆外库房方面，坚持"特殊时期安全标准不降低"原则，依据防控要求安排具备值守条件的员工坚持值守，确保防卫区域安全。特别是 6 月间新发地疫情反弹，因此加大了对西红

门库区疫情防控要求落实的督导力度，发现部分员工曾经去过新发地海鲜批发市场，立即组织进行多次核酸检测，反复确认员工健康状态。对该库区实施封闭式管理，严格控制人员流动，并通过定期配送防疫物资、定点送餐等方式，确保疫情期间馆外库区安全。

2. 安全隐患排查

继续贯彻安全工作"防重于治"理念，实现安全隐患排查治理"有计划、有实施、有整改、有验证"的闭环操作。结合新冠病毒疫情防控要求，依据《首都博物馆安全检查程序》，组织开展各类日常、节前、专项安全检查计 3 次，发现并整改安全隐患 20 余项，为首都博物馆正常有序运营提供坚实的安全保障。

3. 员工安全培训与演练

结合疫情防控要求，先后开展防疫知识技能及安全常识操作培训 15 次，依据《新冠病毒疫情防控期间首都博物馆开放方案》组织专项培训 3 次，在办公区、开放区、馆外围、停车场组织专项演练 5 次，"微型消防站"实战演练 27 次，实现了克服疫情影响、推动应急处突整体水平持续提升的目标。

4. 日常安全工作

完成全馆人员消防安全责任书的签订及备案工作；完成消防设施检测、防雷检测、年度电检消检；完成新上岗员工消防安全知识及技能培训 200 余人次。按要求开展防

消防演练

微型消防站演练

汛安全工作,确保消防水系统、防火门、应急照明、机械排烟送风等设施处于正常状态。落实市文物局要求,制定《首都博物馆火灾隐患整治和消防能力提升三年行动方案》,形成"首都博物馆消防系统安全隐患维修改造"项目,完成文件编制等工作。开展对西红门、榆垡、房山等馆外库区的专项安全检查,在馆外库房搬迁工作中未出现安全事故。

5. 安全委员会制度有效落实

根据疫情防控形势,采用线上线下相结合的方式,严格执行《首都博物馆安全委员会例会制度》,继续推动安全委员会例会制度常态化、正规化,确保上级和相关单位的安全工作指示精神能够及时传达、有效落实。

6. 强化外包保安项目管理

入馆安检、夜间保安、车场管理等外包性服务项目,是首都博物馆安保体系的重要组成部分。年内,结合疫情防控要求,对《首都博物馆安检服务工作管理办法》《首都博物馆保安服务工作管理办法》《首都博物馆停车场项目服务工作管理办法》等规范性文件进行了修订完善,重点突出防控要求与应突手段,提高了对外包服务的管控能力,进而推促首博疫情防控及安全保卫整体水平持续提升。

(三)文物保管安全

从文物库房基础设施保障、健全文物管理制度和加强保管专业队伍建设等方面入手,做好文物保管工作,

消防培训

"国庆、中秋"节前安全工作部署会

北门入口安检

确保安全。

1. 文物库房基础设施保障到位

文物库房符合"十防"要求。库房内，文物科学上架，柜架采用钢木结合的形式，钢质骨架内衬以木板（有机质文物采用樟木板），避免单一材质的安全隐患，同时有利于柜内通风。中小型文物均配有定制的环保材料囊匣。另外，配套的小型工具设备，如文物梯、文物推车等，为文物提用提供便利和安全保障。同时，通过技术手段对文物库房内环境进行适时监测。

2. 健全完善库房管理制度

不断完善《首都博物馆藏品部安全管理制度》，对文物的日常保管养护、出入库、利用和保管岗位人员职责进行了明确规定，针对文物流动制订了严格的进出库提用制度和严谨的流程，并加强文物流动中的监督管理。

3. 加强保管专业队伍建设

新入职的保管岗位人员通过严格考核后方可上岗。对保管岗位人员定期进行专业培训、安全警示教育和心理辅导建设，确保实现文物的科学、有序、安全管理。

（四）网络安全

1. 完成网络安全设备采购项目

为确保首都博物馆网络系统安全、稳定运行，逐步达到等保 2.0 相关要求，采购一台堡垒机和一台数据库审计设备，实现了对首都博物馆数据中心所有服务器、网络设备、安全设备等账号进行集中管理，同时做到实时记录网络上的数据库活动，对数据库操作进行细粒度审计的合规性管理。当数据库遭受到风险时，能第一时间报警，对攻击行为进行阻断。该项目的实施，实现了对现有网络系统的安全加固，有效预防了潜在的各种高危漏洞和安全威胁。

2. 配备数字安全证书，加密数据传输

为提高网络安全性，防范用户信息泄露风险，采购并部署了服务于首都博物馆网站和公共邮箱域名（capitalmuseum.org.cn）的通配符 OV 服务器证书。该安全证书可确保用户登录访问时采用数据加密传输 HTTPS 安全访问方式，预防用户信息泄露，杜绝相关网络安全隐患。

3. 机房运维与网络安全维护

加大人员投入，确保机房周末有人值守，"两会""双节"期间增设 24 小时在岗值守。疫情期间与运维管理公司协同合作，坚持不间断值守，保证全年网络及各系统的平稳安全运行，做到关键时期机房运维与网络安全零事故。

4. 信息系统安全合规性检查及渗透测试服务项目

因市财政资金压减以及中标公司落实国务院国有资产监督管理委员会文件要求需要注销，导致下半年"2020 首博信息系统安全合规性检查及渗透测试服务项目"无法实施，使得信息化日常运维及安全保障任务更加艰巨。因此，"2019 首博信息系统安全合规性检查及渗透测试服务项目"兼顾完成了 2020 年一、二季度的安全巡检实施工作。年内完成项目的前期筹备和招投标工作，2021 年将重新启动该项目。

（五）设备设施运行安全

设备设施的正常运行是博物馆正常开放的根本。为确保安全、稳定运行，注重日常管理工作，及时解决各系统运行过程中出现的问题。为规范专业机房的日常管理，更换上墙制度 72 份，向机房管理标准化迈进；同时，定期对物业公司员工进行各类培训，提高设备设施运行管理工作效率。年内共完成工程报修 870 项，完成自查自修工作单 1229 项，应急维修处理 16 次。

检查方厅四层戏楼射灯

空调水管维修

首都博物馆
年鉴·2020

六

网信建设

依照全馆工作部署，信息化建设有序推进。年内完成互联网接入增容、信息化基础运行项目维护、数字影像资源采集和授权、数字出版项目宣传推广等工作，满足了馆内网络办公需求，提高了工作效率。数字化成果在服务博物馆业务工作的同时也为博物馆观众带来新的参观和互动体验。

（一）信息网络日常工作

1.完成互联网接入增容

为满足全馆日益增长的互联网应用需求，进一步对馆内互联网接入线路的带宽实施升级优化，将联通线路带宽由150兆升级至200兆，与原有电信线路的200兆带宽实现负载均衡，有力保证首都博物馆对外信息发布服务和办公互联网访问的稳定畅通。

2.信息化基础运行项目维护

全年信息化基础运维服务共进行技术支持服务、重大安全保障期服务等各类服务工作总计464次。其中主动巡检巡查245次，处理各类故障事件179次，技术支持服务32次，重大安全保障期服务8次。

全年完成日常巡检500余次，数据库日常备份（一日双备），网站故障应急响应7次，《博物院》杂志月刊模板更新，确保网站系统运维项目顺利实施。

3.数字影像资源采集和授权

全年共完成影像采集1.9万余张照片，合计126.9G；视频采集669.69G；接收保护部移交扫描影像15张。配合馆内各部门业务工作，提供数字资源70余次，其中图片3000余张，视频约22小时；服务馆外数字资源授权，用于借展、图录出版等工作的图片249张，签署协议5份。

4.数字出版项目宣传推广

数字出版项目已经连续进行两年，全年通过对"首都博物馆APP"中相关内容进行完善和微信公众号的宣传推广，收到良好成效。截至12月，APP总下载量约5万次，其中苹果（IOS）端下载量近1万次，安卓端下载量4万余次。

（二）馆内网络升级改造

综合信息平台及办公自动化系统建设于2005年，已无法满足现有日常办公需求，为此采购新的协同办公系统，年内完成项目采购、需求调研等工作，该项目的实施可实现公文流转、文件管理、考勤审批、馆内信息公开、任务动态推送等功能，并能在PC端和移动端同步使用，大幅度提升日常办公效率，保障业务工作签批流程严谨、规范。

网络交换设备已经运行16年之久，包括核心交换设备、汇聚层设备、楼层交换设备等共计74台（套），故障频发，性能老化，为此开展了网络核心交换设备升级改造项目，年内完成两套核心交换设备的采购等工作。该项目的实施增强了全馆网络运行的可靠性，为内外网正常运行提供有力保障。

（三）微信后台管理

年内主要进行了微信平台功能扩展项目的相关工作，完成微信平台各菜单的开发和升级。

菜单中，调整"最新展览"展示顺序，制作并上线"1420：从南京到北京"展览专题页；"常设展览"新增方厅"古都北京·历史文化篇"和"京城旧事——老北京民俗展"展览专题页，包含文物赏析、语音导览、虚拟展示等内容；更新"馆藏精品"和"阅读典籍"两个菜单页面；"全景欣赏"拍摄并制作"1420：从南京到北京""古都北京·历史文化篇"和"京城旧事——老北京民俗展"三个虚拟展厅。配合疫情防控要求，在"预约服务"菜单栏中实现微信门票预约，自5月1日上线至12月，该菜单点击量（人）共计34万次。

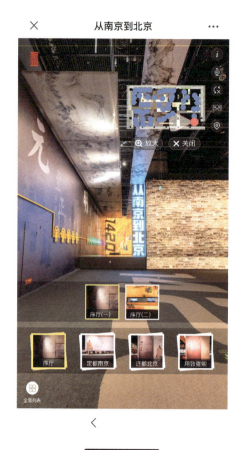

"1420：从南京到北京"展虚拟展厅

"古都北京·历史文化篇"展虚拟展厅

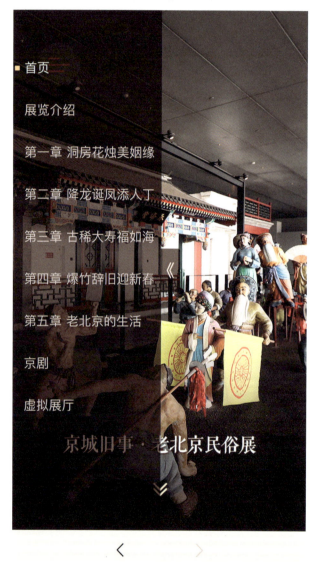

咱中国人，顶讲孝道，尊老敬老。老话儿说："家有一老，如有一宝。"清末民初民间盛行办寿（俗称办生日）的风俗，一般指晚辈给长辈祝寿时举办的家庭庆祝活动。北京人做寿多是办整生日，且有"庆九不庆十"之说。

"京城旧事——老北京民俗展"虚拟展厅

（四）中国博物馆协会博物馆数字化专业委员会（简称"博数会"）工作

6月，与文博界相关机构合作举办"数字文博沙龙"活动。邀请国内博物馆数字化方面的专家作为嘉宾，开展线上直播与互动。

9月19日，在吉林长春组织召开中国博物馆协会博物馆数字化专业委员会第四届常务委员会第二次会议。会议审议通过了博数会工作报告；与会者结合各单位工作情况，为博数会未来的发展和规划建言献策；主任委员胡江传达中国博物馆协会第七届会员代表大会的会议精神，表示将贯彻落实好国家文物局、中国博物馆协会对博数会发展的各项政策和部署要求，努力做好各项工作，服务全国博物馆信息化建设，加强国际交流，取得更多成果。

9月20～22日，由吉林省文化和旅游厅（吉林省文物局）、中共长春市委宣传部指导，吉林省博物馆协会、长春净月高新技术产业开发区管委会、长春市文化广播电视和旅游局（长春市文物局）主办，伪满皇宫博物院承办，中国博物馆协会博物馆数字化专业委员会协办的"赋能·重构——2020智慧博物馆创新论坛"在吉林长春举办，全国110家博物馆、200多位代表参会。与会领导、专家和学者纷纷就博物馆信息化建设畅谈经验，分享成果。同时，组织三场沙龙，围绕博物馆信息化发展与前景、智慧博物馆建设经验、后疫情时代博物馆信息化发展趋势进行了交流与探讨。国家文物局、吉林省文化和旅游厅、长春市委宣传部、博数会等单位的领导出席论坛。

此外，积极组织国内博物馆参与国际博物馆协会（ICOM）视听、新技术和社交媒体委员会（AVICOM）2020年度"博物馆和文化遗产国际视听节（FAIMP）"，完成相关作品的遴选工作。

博数会秘书长、首都博物馆信息部主任孙芮英（左一）参加
"赋能·重构——2020智慧博物馆创新论坛"

首都博物馆
年鉴·2020

七

合作交流

国内方面，秉承"对口携手、长期稳定、资源共享、合作共赢"的宗旨，与多家博物馆签署战略合作协议，将首都博物馆办馆经验与其他博物馆独具特色的文物资源相融合，实现深度合作；同时，与数家高校本着"优势互补、资源共享、协同发展、互惠双赢"的原则，签署战略合作协议，充分发挥各自优势，集中学术科研力量，围绕中国优秀传统文化及首都文化，共同开展研究工作；与地方政府、科研及文化机构等紧密联系，寻求合作，推动博物馆多方面发展。

国际方面，秉持"病毒无国界，协力抗疫情"的合作宗旨，积极与国外友馆和同行保持密切沟通，互致慰问邮件，互通抗疫措施，深化彼此感情，巩固合作关系。截至年底，共与22家国际博物馆同行签署了战略合作协议或备忘录，建立了良好的合作关系。

（一）国内合作交流

5月26日下午，首都博物馆和国务院发展研究中心东方文化与城市发展研究所签署战略合作协议。党委书记白杰和东方文化与城市发展研

究所所长刘理辉在协议书上共同签字，并见证馆长韩战明和研究所副所长李晨签署课题研究相关协议（"首都博物馆对北京城市发展贡献度评估"课题）。

6月11日，中国人民解放军坦克博物馆刘丹大校一行9人到馆调研博物馆建设、布展和运维等工作，与东馆建设办相关人员座谈、交流。

7月15日，由韩战明带队，副馆长杨文英及物业部、东馆建设办负责人共同前往亚洲基础设施投资银行（简称"亚投行"）总部永久办公场所北京亚洲金融大厦，就设备设施、建筑采光、物业管理等方面进行实地调研，为首都博物馆东馆建设及本馆物业管理工作提供借鉴。

7月17日上午，中国美术出版总社主持召开《文物之美》系列丛书启动座谈会，党委委员、学术委员会秘书长龙霄飞出席，与国家博物馆、南京博物院等十余家兄弟单位就项目落实进行讨论。

7月27日～8月24日，为配合国家对港澳台的整体工作部署，首都博物馆第14年承接文化和旅游部主办的"港澳大学生文化实践活动"。受新冠肺炎疫情影响，根据上级部门和疫情防控要求，由宣教部在线指导3位香港学生开

首都博物馆、东方文化与城市发展研究所签署合作协议

与中国人民解放军坦克博物馆交流

展有关博物馆新媒体应用的实习，为期21天（工作日）。

8月7日，东馆建设办、保护部人员赴中国文化遗产研究院，实地考察文保实验室设备设施配置情况，并与研究院相关负责人座谈，为首都博物馆东馆文保功能区建设及设备设施配置提供借鉴。

8月22日下午、23日下午，白杰拜访绍兴市副市长顾涛及市委常委、宣传部部长丁如兴。双方就推动文物资源整合、提升绍兴博物馆建设水平和开展展览、文创项目合作深入交换意见。绍兴市文化和旅游局局长何俊杰、越城区区长袁建、首都博物馆文创办和国际部负责人参加会谈。

9月8日，东馆建设办、国际部相关人员参观中国国际服务贸易交易会，针对中国联通等展区进行数字文博、智慧文博、5G等相关调研，为首都博物馆东馆信息化工作提供借鉴。

9月8日下午，白杰与北京天鸿控股（集团）有限公司董事长柴志坤分别代表双方签署战略合作协议。两单位党政班子成员集体出席，韩战明与集团副总经理胡东分别介绍双方资源和战略考虑，对通过战略携手，共同助力北京文化产业发展形成共识。随后集团党政班子成员集体参观首博展览。

9月23日，由龙霄飞带队，东馆建设办、保护部相关人员赴岛津企业管理（中国）有限公司北京分公司，对文保设备进行实地调研，并与分公司负责人就首都博物馆东馆文保设备配置座谈交流。

在北京亚洲金融大厦调研

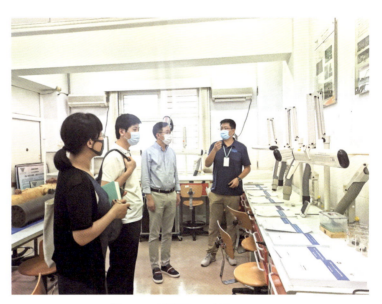

在中国文化遗产研究院调研

赴中国国际服务贸易交易会参观调研

在岛津企业管理（中国）有限公司北京分公司调研

在中国（海南）南海博物馆调研

9月27～29日，由韩战明带队，东馆建设办张宇、保护部王江赴中国（海南）南海博物馆，与馆长辛礼学就出水文物的修复与藏品保护工作和展示手段的新科技运用进行交流，实地调研南海馆5G+VR全景直播、5G+AR文物修复助手、5G+AI游记助手、5G+感知安防等工作项目，与该馆中层以上干部就新馆建设相关问题进行座谈。

9月30日～10月4日，为深入贯彻落实第三次中央新疆工作座谈会精神，推动对口支援地的文博事业发展，北京市文物局党组书记、局长陈名杰带领首都博物馆工作团队赴新疆和田、喀什地区开展文化援疆工作，取得良好成效。

首都博物馆和田分馆在和田地区博物馆正式挂牌，首都博物馆与和田地区博物馆签署对口支援战略合作协议，旨在通过加强京和两地人才交流、文化交融、学习互鉴，加深两地文博领域业务合作，搭建两地文化桥梁，拉近城与城的距离，把文化润疆工程进一步做实、做长远，高标准、高质量、高效率推进援疆工作，让对口支援成果惠及更多新疆民众。

10月13日下午，西藏博物馆党委书记拉巴次仁、文物科技保护中心主任卫国一行到馆，与白杰、韩战明就深化两馆传统友谊、规划"十四五"合作重点进行座谈。白杰表示，深化两馆传统友谊、支持西藏博物馆发展建设是首博的政治责任，双方应结合"十四五"规划，细化合作项目，以2021年西藏博物馆重张和2023年首都博物馆东馆开馆为契机，为提升中国文博事业水平和推动

首都博物馆和田分馆挂牌

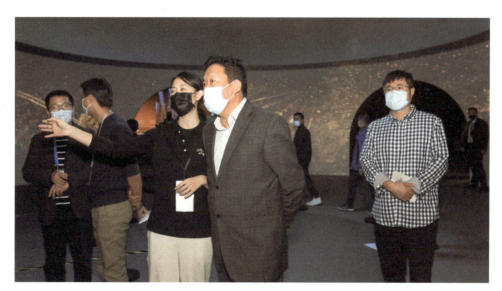

西藏博物馆同仁到访

在故宫文物医院调研

民族团结进步事业共同努力。

10月16日，东馆建设办、保护部人员赴故宫博物院，实地调研故宫文物医院功能布局、文保仪器设备配置和文物修复展示，为首博东馆文保功能区建设提供借鉴。

10月22日下午，首都博物馆与北京社会主义学院（北京中华文化学院）签署战略合作协议。陈名杰到馆见证双方签约，要求建好教学基地、

学术平台和人才培养基地，希望双方以情怀为前提、以研究为基础、以项目为支撑、以机制为保障、以共同受益和服务大局为目的，在"十四五"时期共同创造合作品牌。学院党委书记吕仕杰与白杰共同在协议书上签字，学院副院长胡佳颖和首都博物馆副馆长齐密云、黄雪寅及双方有关部门负责人参加签约仪式并共同参观"读城——探秘北京中轴线"展览。

首都博物馆与北京社会主义学院（北京中华文化学院）
签署战略合作协议

京杭大运河专题调研

在怀柔雁栖湖国际会议中心调研

10月30日,东馆建设办组织专题调研,实地考察京杭大运河在北京市内的重要闸口遗存,邀请北京史专家朱祖希全程讲解,并赴郭守敬纪念馆学习了解大运河历史文脉,为首都博物馆东馆下一步设计深化提供借鉴。

11月4日,由白杰带队,杨文英、东馆建设办负责人及北京城市副中心投资建设集团有限公司、中国建筑设计研究院、阿海普建筑设计咨询(北京)有限公司相关负责人赴怀柔雁栖湖国际会议中心,实地调研室内装饰设计,与北京控股集团有限公司副总经理杨斌华和雁栖湖经营管理团队谢维、高怡进行工作座谈,为首都博物馆东馆国事接待厅室内装饰设计提供借鉴。

11月5日,由杨文英带队,东馆建设办、陈列部相关人员和首都博物馆东馆内装设计团队赴国家博物馆,参观"舟楫千里——大运河文化展",为东馆室内装饰设计开阔思路。

11月14日,大运河博物馆联盟在南京成立,韩战明作为共同发起单位代表出席会议。故宫博物院、南京博物院、河北博物院等大运河沿线共33家博物馆通过《大运河博物馆联盟章程》并签署《大运河博物馆联盟协同发展协议》。宣教部负责人杨丹丹参会。

11月15～16日,韩战明、杨丹丹赴浙江自然博物院安吉馆,对其基本展陈、教育服务及运营管理进行学习调研,并与安吉馆馆长严洪明、副馆长兰国英进行工作座谈。

11月26日,白杰、杨文英,东馆建设办张宇、邱春梅共同参加在苏州召

参观"舟楫千里——大运河文化展"

韩战明出席大运河博物馆联盟成立座谈会暨签约仪式

四馆新馆建设问题分析及调研座谈会

在苏州博物馆西馆建设工地调研

开的四馆新馆建设问题分析及调研座谈会，就首都博物馆东馆、上海博物馆东馆、苏州博物馆西馆和中国大运河博物馆在施工建设中的问题处理和经验教训进行分享，并实地调研苏州博物馆西馆建设工地。

12月1日上午，东馆建设办相关人员前往坐落于丰台区的丽泽SOHO，调研玻璃幕墙在公共建筑中的实际应用案例，并与武汉凌云建筑装饰工程有限公司相关负责人进行交流，为首都博物馆东馆建设提供借鉴。

12月10日，北京奥运城市发展促进中心党组书记、主任付晓辉一行7人来馆，实地调研首都博物馆功能分区设置及观众流线设计，韩战明和东馆建设办相关人员参加调研。

12月19日，《古都博物馆战略合作框架协议》签署仪式暨"古都——历史文化传承创新"

在丽泽 SOHO 调研

韩战明参加《古都博物馆战略合作框架协议》签署仪式暨"古都——历史文化传承创新"座谈会

座谈会在南京市博物总馆举行。协议由首都博物馆、南京博物院、南京市博物总馆共同发起，陕西历史博物馆、河南博物院、浙江省博物馆和西安、洛阳、开封、杭州四馆，共10家省、市博物馆参加。韩战明等10馆主要负责人共同签署协议并在座谈会上分别做主旨发言。

12月21日，东馆建设办、东馆文保建设组会同首都博物馆东馆代建单位赴京东方（BOE）技术创新中心，实地考察新型显示技术的实际应用。

12月25日，东馆建设办、东馆基础设施与运营建设组会同阿海普建筑设计咨询（北京）有限公司相关人员赴北京大兴国际机场，实地调研机场航站楼地面铺装材料及效果，为首都博物馆东馆室内装饰设计提供借鉴。

战略合作协议签署情况一览表

序号	协议名称	签署时间	签署单位
1	首都博物馆与中国出版传媒商报社框架合作协议	1月7日	首都博物馆、中国出版传媒商报社
2	首都博物馆与东方文化与城市发展研究所战略合作协议	5月26日	首都博物馆、东方文化与城市发展研究所
3	战略合作协议	7月8日	首都博物馆、北京出版集团有限责任公司
4	首都博物馆 北京市石景山区文化和旅游局战略合作协议	8月15日	首都博物馆、北京市石景山区文化和旅游局
5	首都博物馆与北京天鸿控股（集团）有限公司战略合作协议	9月8日	首都博物馆、北京天鸿控股（集团）有限公司
6	战略合作框架协议	9月22日	首都博物馆、中央戏剧学院
7	首都博物馆 和田地区博物馆战略合作框架协议	10月1日	首都博物馆、和田地区博物馆
8	北京社会主义学院（北京中华文化学院）首都博物馆战略合作协议	10月22日	北京社会主义学院（北京中华文化学院）、首都博物馆
9	首都博物馆 龙山县里耶古城（秦简）博物馆加强馆际交流战略合作协议	11月7日	首都博物馆、龙山县里耶古城（秦简）博物馆
10	大运河博物馆联盟协同发展协议	11月14日	首都博物馆及大运河沿线各博物馆
11	古都博物馆战略合作框架协议	12月19日	首都博物馆、南京博物院、陕西历史博物馆、河南博物院、浙江省博物馆、南京市博物总馆、西安博物院、洛阳博物馆、开封市博物馆、杭州博物馆
12	首都博物馆 首都师范大学历史学院战略合作框架协议	12月	首都博物馆、首都师范大学历史学院

（二）国际合作交流

4月3日下午，白杰签署《首都博物馆与莫斯科博物馆合作备忘录》，这是两馆经友好协商，在疫情期间以网络交互形式分别签署的国际合作协议。至此，"十三五"时期首都博物馆共与16家国际知名博物馆建立了战略合作关系，国际友馆已达22家，完成了除南美洲以外的国际合作战略布局。

12月2日下午，黄雪寅会见秘鲁大使馆公使海梅·卡萨弗兰卡、二等秘书伊格纳西奥·巴尔加斯，双方就2021年在首都博物馆举办秘鲁主题展览有关事宜进行会谈。国际部班子及策展团队参加。

副馆长黄雪寅与秘鲁公使洽谈展览

首都博物馆

年鉴·2020

八

综合管理

疫情期间确保"零感染"的同时，稳步开展全馆日常管理工作。严格按照工作要求和相关流程，确保重要接待，特别是外事接待不出纰漏；行政办公工作平稳高效，在疫情防控状态下做好公文流转和档案收集、整理及数字化工作；加强干部管理，积极开展人员培训，提高员工业务素质；关心老干部，做好离退休人员服务工作；合理、合规使用财政资金，加强法务、财务管理；完成设备设施维修保养、固定资产管理、医务服务等工作，保证博物馆稳定运行。

（一）行政管理

1.重大活动、重要接待管理

1月19日上午，波兰常驻联合国代表维罗涅卡一行到访。馆长韩战明接待来宾并陪同参观"京城旧事——老北京民俗展"和"古代瓷器艺术精品展"。

8月17日上午，秘鲁驻华大使路易斯·克萨达一行到访。党委书记白杰、韩战明、副馆长黄雪寅接待来宾并陪同参观"古都北京·历史文化篇"和"京城旧事——老北京民俗展"。双方就

2021年以中秘建交50周年为契机，举办安第斯文明主题展览达成共识，就首都博物馆与南美洲博物馆同行开展交流合作深入交换意见。

8月26日下午，浙江省副省长成岳冲到馆参观考察，受北京市文物局局长陈名杰委托，白杰、韩战明介绍有关情况，陪同参观"读城——探秘北京中轴线""古都北京·历史文化篇"展。浙江省文物局局长柳河、黄雪寅、首都博物馆党委委员杨丹丹一同参加。

9月27日，国家文物局局长刘玉珠到馆参观由国家文物局指导，腾讯科技（深圳）有限公司主办的"文物的时空漫游——腾讯'互联网＋中华文明'数字体验展"，实地调研指导文博展示创新工作。国家文物局博物馆司司长罗静、腾讯北京公司总经理刘勇和白杰、首都博物馆党委副书记靳非陪同调研并汇报有关工作。

11月2日下午，孔子学院组织即将赴任的中方院长到馆进行岗前培训。韩战明和黄雪寅接待来宾并陪同观看数字影片《辉煌的北京》，参观"古都北京·历史文化篇""京城旧事——老北京民俗展"及"读城——探秘北京中轴线"展。

12月22日下午，全国政协副主席卢展工

波兰常驻联合国代表到访首都博物馆

秘鲁驻华大使路易斯·克萨达一行来访

浙江省副省长成岳冲到馆参观考察

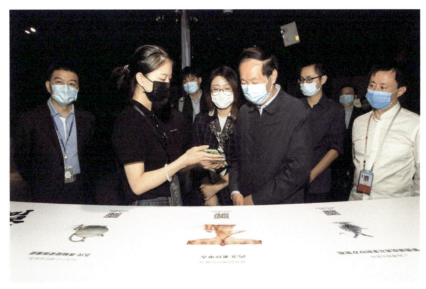

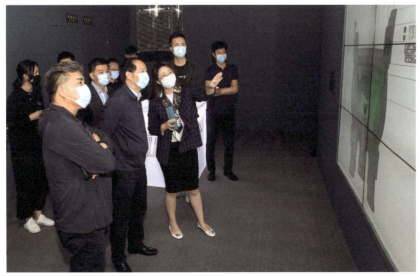

国家文物局局长刘玉珠到首都博物馆参观"文物的时空漫游——
腾讯'互联网＋中华文明'数字体验展"

接待孔子学院即将赴任的中方院长到馆培训参观

到馆参观"龙马精神海鹤姿——马连良先生诞辰120周年纪念展",指出:戏曲在中华优秀传统文化中最具代表性,这个展览把中华优秀传统文化摆在了突出位置,让文物说话,展现出生生不息的艺术传承与文化自信。北京市文化和旅游局二级巡视员马文、白杰、韩战明、副馆长杨文英陪同参观。

2. 公文流转

全年共发文 256 件,其中请示 58 件(含党委请示 3 件),报告 20 件(含党委报告 5 件),公函 178 件;共收文 268 件。收发公文均按照相关流程办理。

3. 档案管理

档案管理就基本性质和主要作用来说,是一项兼具管理性和服务性的工作,既要负责管理各部门形成的历史文件,又要通过提供档案信息为社会服务。由于档案内容的关系,部分档案不能对外开放,或者要到规定期满后才能开放,这种机要性也是档案管理工作的一种性质。

(1)档案整理工作

完成 2019 年档案的编号、排序、分类、归档、装盒、上架等工作,整理档案 78 盒,1258 件。其中收集、整理 10 余个展览项目的档案,包括展览大纲、设计方案、展览论证会纪要、照片、媒体报道、宣传海报、展览图录等。

(2)档案利用情况

全年为馆内各部门提供档案利用 42 人次、487 件次、5 卷次,复印资料 422 页。主要用于工作参考、编史修志、学术研究等方面。

(3)档案统计工作

按照北京市文物局《关于做好 2019 年度档案统计年报工作的通知》要求,登录全国档案事业统计调查信息管理系统,完成统计表的填报工作。

(4)档案数字化工作

遴选具有相关资质的档案数字化单位,合作完成 2008 ～ 2018 年共计 1.5 万件、16 万页档案的扫描、图像处理、合成 PDF、文件命名、质检、数据挂接等工作,实现快捷查询档案的目标。

(二)人才管理

1. 干部选聘和任免

在北京市文物局组织宣传处(简称"市文物局组宣处")的指导和支持下,按照《北京市文物局规范局属事业单位科级领导干部聘任工作的规定(试行)》,在核定的机构设置和科级职数范围内,结合首都博物馆岗位需求和工作实际,通过组织程序,选拔任用科级领导干部 3 人,为新提拔副科级领导干部。

2. 人才招聘

因受疫情影响，2019年下半年公开招聘工作推迟在2020年上半年开展（除此之外2020年不再进行公开招聘）。根据馆内岗位需求，计划面向社会公开招聘工作人员16人，经笔试、面试等相关工作流程，实际聘用12人，其中管理岗2人，专业技术岗10人。此外，年内安置军队转业干部1人。

3. 职称申报和评定

全年办理职称考评申报材料审核37人，其中申报高级职称20人，初、中级职称17人。全年获评人员23人，其中获评高级职称11人，初、中级职称12人。

4. 第七轮岗位聘用

按要求做好第七轮岗位聘用（聘期为2020年1月～2021年12月）工作，拟定并上报《首

职称获评人员名单

序号	姓名	系列	职称	专业
1	柳彤	文博	研究馆员	文物鉴定
2	章文永	文博	研究馆员	博物馆
3	李吉光	文博	副研究馆员	博物馆
4	郭良实	文博	副研究馆员	博物馆
5	郑好	文博	副研究馆员	博物馆
6	邢鹏	文博	副研究馆员	文物鉴定
7	李兵	文博	副研究馆员	文物鉴定
8	韩冰	文博	副研究馆员	文物鉴定
9	邵芳	文博	副研究馆员	博物馆
10	张雪梅	会计	高级会计师	会计
11	赵辉	会计	高级会计师	会计
12	张京虎	文博	馆员	博物馆
13	谷中秀	文博	馆员	博物馆
14	罗丹	文博	馆员	博物馆
15	徐亮	文博	馆员	文物鉴定
16	祁普实	文博	馆员	博物馆

序号	姓名	系列	职称	专业
17	王丹青	文博	馆员	文物鉴定
18	李兰芳	社会科学研究	助理研究员（中级）	历史学
19	杨振宇	文博	馆员	博物馆
20	李 瑾	文博	馆员	博物馆
21	胡 晶	文博	馆员	博物馆
22	马 克	文博	助理馆员	博物馆
23	许 璇	文博	助理馆员	博物馆

都博物馆第七轮岗位聘用管理工作方案》，做到各环节公开、透明，充分听取职工意见和建议。严格按照《工作方案》开展聘用评审工作，聘用结果公示并报市文物局组宣处审核备案。高级专业技术岗位聘任晋级 23 人，中级专业技术岗位聘任晋级 35 人，初级专业技术岗位聘任晋级 1 人。

5. 人事档案管理

根据北京市文物局对人事档案数字化工作的相关要求，6 月份完成首都博物馆人事档案数字化项目的合同签订。10 月 12 日项目正式启动，对首都博物馆 300 卷人事档案进行标准化、数字化工作。

根据《北京市文物局干部人事档案专项审核全覆盖工作方案》要求，在前期干部人事档案专项审核工作的基础上，进一步梳理排查、积极解决遗留问题。共计完成馆内 297 卷档案的自查、整改、修订工作，配合市文物局审核组完成局属 5 家单位近 150 卷档案的审核工作。

全年共办理干部任免前审核 3 卷、配合人才招聘外出查档 24 卷、接收档案前审核 24 卷、办理调出前档案审核 3 卷、办理退休前档案审核 3 卷。

6. 人员培训

在疫情居家办公期间，党建部积极探索线上培训模式，密切关注相关培训讯息。通过直播、视频、音频、图文等形式，筛选结合时政、专业等方面课程，实现"云端"培训。

组织开展各类线上培训 9 次，涵盖中国特色社会主义制度、践行初心使命、女性专题、文化创意、陈列展览专业授课等内容。制作培训学时表格，及时记录培训情况，累计 572 人次参加，共计 2223 学时。全年组织申报馆外各类培训项目共计 12 项，涵盖文物安全防范、干部写作培训、书画类文物鉴定、文化和旅游创意产品开发等多方面内容，共计 124 人参加。

11 月 30 日、12 月 7 日和 14 日，为提升全馆员工心理素质，增强心理调适能力，党建部聘请迪心时代教育咨询（北京）有限公司讲师为全体员工分批开展"情绪与压力管理"专题培训，普及心理学知识，使员工正视情绪与压力，利用心理学技巧变压力为动力，维护心理健康。培训共计 400 余人参加。

根据出土漆棺应急性保护修复工作的实际

"情绪与压力管理"专题培训

需求，保护部何秋菊、张雪鸽、许璇参加了8月16～27日在陕西西安举办的首期"中国生漆与漆工艺人才培养高级研修班"，系统学习了漆胎板素髹、裱布刮灰等多种漆艺技术，了解天然生漆的采割和加工精制过程，提高了大漆工艺科研和应用水平，提升了漆器文物的实际修复技能。经中华全国供销合作总社职业技能鉴定中心组织

的理论及实践考试，3位参训员工分别考取了二级及三级漆艺师资格证书。

针对漆棺修复中存在的疑难问题，保护部于9月和11月分别邀请故宫博物院漆器修复专家闵俊嵘、北京工业大学工艺美术系漆艺专业讲师徐佳慧、北京城市学院工艺美术系教授陈秋荣分别对馆内相关专业技术人员进行了修复技术指导。

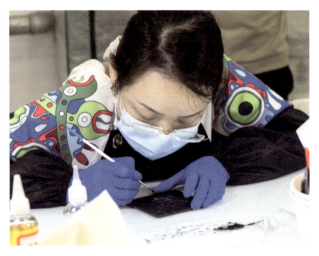

保护部员工参加"中国生漆与漆工艺人才培养高级研修班"

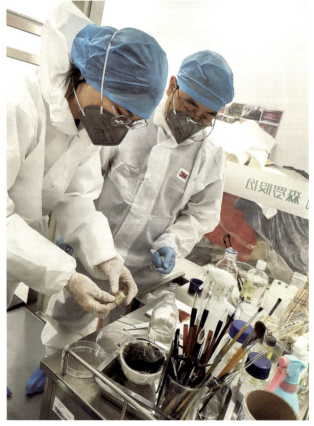

邀请专家进行漆器修复技术指导

首都博物馆人员参加培训一览表

序号	培训名称	培训时间	主办单位	学时（/人）	培训地点	受训人员
党建培训						
1	庆祝中国共产党成立99周年暨习近平新时代中国特色社会主义思想历程学习分享会	6月28日	首都博物馆党委	3	首都博物馆西大会议室	党政班子成员，各部门主任、党支部书记共29人
2	历练"脚力、眼力、脑力、笔力"提升党在基层的执政水平和首都博物馆发展的中坚领导水平	8月3日	首都博物馆党委	3	首都博物馆圆厅一层数字放映厅	党政班子成员、各部门主任、副主任、首席研究员、党支部书记共51人
3	2020年度党员发展工作培训会	9月2日	北京市文物局机关党委	3	孔庙和国子监博物馆敬一亭	彭颖、王聪
4	市直机关2020年第2期党员发展对象培训班	9月15～17日	中共北京市委市直属机关工作委员会	24	中共北京市委市直属机关工作委员会党校	毛垣青、廖文硕
5	2020年北京市文物局系统党组织书记和纪检干部培训班	9月16～18日	北京市文物局	24	北京金隅凤山温泉度假村	白杰、彭颖、尚红建、陈莲、刘平、韩冰、李健、谭晓玲、穆红丽、李丹丹、张余、李陶、张淼、李子祥、马青
6	"共和国70年的历史进程和经验启示"宣讲活动	11月26日	首都博物馆党委	3	首都博物馆地下一层多功能厅	部门班子成员、全体党员、团员、积极分子、工会委员、工会小组长共140人
其他培训						
7	2019年全市专业技术人员公共知识专题培训	2月4日～3月10日	北京市人力资源和社会保障局	30	线上	在编专技岗员工
8	中国文物报社线上讲解员培训班	3月3～6日	中国文物报社	32	线上	宣教部相关人员
9	博物馆文化创意线上培训班	3月23～26日	中国文物报社	32	线上	信息部相关人员、保护部许璇、张雪鸽

续表

序号	培训名称	培训时间	主办单位	学时（/人）	培训地点	受训人员
10	2020年文物鉴赏（元、明、清代青花瓷器）线上培训班（第一期）	3月30日~4月3日	中国文物报社、国家文物局文博人才培训基地	16	线上	冯艳、韩雨翔、胡媛媛、胡晶
11	全国博物馆陈列展览线上培训班网络公开课	3月31日~4月5日	中国文物交流中心	16	线上	李泱
12	2020年全国文物安全防范线上培训班	4月27~29日	中国文物报社	16	线上	周千、罗攀
13	全国博物馆陈列展览线上高级培训班——书画展览专题培训	5月8~15日	中国文物交流中心	20	线上	李泱
14	文博系统干部写作培训	5月12日~课时上满	北京市文物局	27	北京市文物局	张靓
15	壁画文物保护修复理论	5月20~26日	中国文化遗产研究院	28	线上	胡晶
16	"全国博物馆十大陈列展览精品解读"线上培训班	6月2~5日	中国文物报社、国家文物局文博人才培训基地	16	线上	韩雨翔
17	2020年文物鉴赏（元、明、清代青花瓷器）线上培训班（第二期）	6月16~19日	中国文物报社、国家文物局文博人才培训基地	16	线上	冯艳、孙海燕、张雪鸽、韩雨翔、胡媛媛
18	第十九期北京地区文博行业专业技术人员和管理人员线上培训班	6月28~30日	北京市文物局、中央民族大学继续教育学院	24	线上	白佳好、尹鑫琳、任和、周颖洁、单君媛、袁玮、付晓瑞、傅萌、范胜利、倪炎、胡昱、高德智、杨丽丽、魏鹏宇、李丹丹、贺夏、韩进、赵彩霞、张明、吕梦蝶
19	北京大学博物馆展陈设计与创新思维专业人才研修班	6~12月	北京大学考古文博学院	320	北京大学	赵婧、陈思

序号	培训名称	培训时间	主办单位	学时（/人）	培训地点	受训人员
20	中国生漆与漆工艺人才培养高级研修班	8月16～27日	中华全国供销合作总社西安生漆涂料研究所	88	西安	何秋菊、张雪鸽、许璇
21	北京地区文博行业第二期线上鉴定培训班	8月24～28日	北京市文物局	16	线上	赵型、李文琪、刘轶丹、陈潇、周希婧、范胜利、孙海燕、韩雨翔、王江、张雪鸽、何秋菊、吕淑玲、胡晶、王颖竹
22	2020年度北京市外事系统"国际交往中心功能建设素质提升"专题培训班	9月10～25日	北京市委外办、市政府外办	18	线上	刘梅
23	2020年全市专业技术人员及事业单位工作人员公共知识专题培训	10月12日～12月31日	北京市文物局	30	线上	在编全体员工
24	2020年文化和旅游创意产品开发人才培训班	10月18～25日	文化和旅游部资源开发司	40	上海衡山北郊宾馆、上海公共艺术协同创新中心	刘平
25	2020年全国文物新闻宣传培训班	10月20～23日	国家文物局办公室	32	大连怡海阳光宾馆	陈雨蕉
26	2020年北京市高层次人才国情研修班	11月9～13日	北京市人才工作领导小组	40	中共北京市委党校三分校	武望婷
27	2020年科学训练营	11月16～17日	北京校外教育协会	12	北京东方文化培训中心	杜莹、袁玥、王超
28	书画类文物鉴定培训班	11月21日～12月5日	国家文物局	120	辽宁省博物馆	李文琪
29	"情绪与压力管理"专题培训	11月30日 12月7日 12月14日	首都博物馆党建部	2	首都博物馆地下一层多功能厅	全馆员工
30	会计人员继续教育	2020年度	北京市财政局	90	线上	韩进、刘芳、周颖洁、赵辉、刘璐璐、李秀红

7.离退休服务

（1）同心抗疫，离退休干部与首都博物馆同进退

疫情期间，党建部及时向离退休干部传达各项文件，进行防护指导，发放防护口罩，每日进行全员健康情况统计，精准掌握每一位离退休干部出京、居家状态，为保持首都博物馆"零感染"坚守一方阵地。

离退休党支部组织老党员、积极分子进行线上捐款 2 次，共计 35 人参与，捐款 16400 元。

党建部积极为离退休干部参与防疫抗疫工作进行宣传，4 月 16 日，中共北京市委老干部局网站刊登了首都博物馆离退休党员抗疫情"守初心、显担当"的事迹。

（2）调研交流

8 月 19 日，党建部老干部工作人员随市文物局老干部处处长肖元春到北京市国有文化资产管理中心参加宣传系统老干部工作调研会并汇报相关工作。

新冠肺炎疫情以来，党委带领全体离退休干部统一思想、同心抗疫，通过有效机制保护他们"参政议政"的热情，激励他们利用自身专业特长在力所能及的领域发挥作用，为推进复工复产、助力北京中心工作做贡献。这些举措得到北京市委老干部局、北京市委宣传部离退休干部处相关领导的充分认可。

9 月 14 日，市文物局老干部处到首都博物馆开展"离退老干部发挥余热情况调研"。老干部们分享了退休后开展工作的感想、问题以及工作思路和设想等，他们的意见和建议使与会人员深受启发。本次座谈成果为局系统改进为老服务提供了重要依据。

扎实开展走访慰问，把组织的关怀及时传递到高龄、生活有困难的老干部身边。全年慰问离退休老干部、生活有困难的老党员约 120 人次，其中团拜慰问 55 人次，年节入户走访 28 人次；受新冠肺炎疫情影响，采取书信慰问老党员 33 人次，同时辅以线上、电联等其他形式进行慰问。

市文物局老干部处与首都博物馆党建部联合走访离休干部刘长工

副馆长齐密云（左）探望老干部李金声

党建部老干部工作人员与离休干部刘长工
所在东八里庄社区党委建立联系

（3）其他工作及活动

按照市委老干部局部署，进一步推进精准服务。7月，对全馆老干部常住地社区开展梳理登记，完成试点社区老干部信息申报；10月，完成离休干部单位与社区的对接，落实"四就近"工作，实现各方资源联动服务老干部；12月，基本完成老干部系统与离退休服务平台并库，进行数据转换核对，并首次通过新平台完成年统；利用信息化精准服务意识形态教育，引导老干部统一思想；组织离退休党支部的老党员分批参加市文物局"离退休干部秋季线上理论学习班"；组织首都博物馆老干部代表参加宣传系统组织的朝阳循环经济产业园调研交流活动；根据首都博物馆党委工作部署，离退休党支部与老干部签订垃圾分类责任书；组织离退休党支部党员参加中共北京市文物局机关第一次代表大会代表选举；支持老干部热心参与馆内外各类活动，在助力北京中心工作中贡献智慧和力量。

离退休党支部老党员参加市文物局"离退休干部秋季线上理论学习班"

离退休党支部党员参加中共北京市文物局机关第一次代表大会代表选举

首都博物馆老干部代表参加宣传系统组织的朝阳循环经济产业园调研交流活动

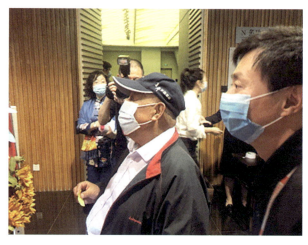

党委书记白杰（右）陪同原首都博物馆馆长马希桂参加党建部组织的首都博物馆青年团员庆祝建党99周年活动

（三）财务管理

1. 会计基础工作

疫情期间，坚持做好现金、银行、住房公积金、无房补贴、缴纳税款、统计及防疫物资采购等工作。按照财务报账制度和会计基础工作规范化的要求，确保报销金额与票据一致，杜绝不合理开支。按照部门预算分配方案，做到出有凭，入有据，费用报销具有实效性，做到监督有力。

2. 工资、绩效等发放工作

为确保新冠肺炎疫情期间在编人员工资正常发放，财务部调整流程，采取线上沟通、核对等方式，做到按时准确发放。

受疫情影响，住房公积金中心未开放窗口业务，经与对方沟通，采取线上缴存的方式，除2月份当月缴存延迟外，其余月份均正常缴存，并为有提取需求的员工做好网上自助提取业务解答，确保员工切身利益。

3. 预算、审计等工作

（1）合理分配预算

根据《中华人民共和国预算法》《中华人民共和国预算法实施条例》、预算管理规定以及上级财政预算的批复文件，以"预算与实际业务工作最大程度的契合"为宗旨，结合实际情况合理安排各部门预算分配下达工作，并督促支付进度。

（2）审计

8月28日～9月18日，市文物局委托事务所对首都博物馆2019年度预算执行情况进行驻馆审计，对照审计报告，财务部组织相关部门制定了整改方案并督促落实整改工作。

聘请会计师事务所完成物业管理费2019年度专项审计工作和北京市科学技术委员会"绿色生物溶壁酶在古文物霉斑去除关键技术研究与应用"课题的结题审计工作。配合事务所完成2019年度首都博物馆产权登记年度检查工作。

（3）决算编报和政府会计报告编报

根据2019年度总体收入支出情况，汇总基本经费和项目经费各种数据，完成决算报表的填报和决算说明、决算分析报告的撰写工作。通过数据分析，总结经验、查找问题，推动财务管理工作的改进与提升。

根据财务制度改革要求，按企业会计的方法编制政府会计报告。在决算报告基础上编制调整分录，将决算报表转换成政府部门财务报表，完成非同级财政拨款单位之间相互对账工作，最后完成财务报表的编制，再根据财务报表撰写2019年度首都博物馆部门财务报告，上报北京市文物局和北京市财政局。

（4）项目绩效评价

按照《北京市文物局关于2020年部门绩效评价工作安排的通知》要求，组织各项目部门完成2019年"首博馆外库房租赁项目""猪年生肖展""首博互联网接入项目"等9个项目的绩效评价工作。

按照市文物局要求，配合局计财处聘请的第三方事务所对2020年"首博馆外库房租赁项目""首博互联网接入项目""首博日常信息化运维""首都博物馆2020年中央补助地方博物馆纪念馆免费开放专项资金（运转补助）""2020年中央地方共建国家级博物馆专项资金"5个项目的预算执行进度、管理情况、绩效目标运行情况等进行跟踪检查。

（5）预算资金的调整

完成人员绩效经费的追加申报工作，共追加328.92万元。完成2020年"首博日常信息化运维""首博互联网接入费""首博网络安全设备采购""国际博物馆协会藏品保护委员会2021年大会活动"项目资金和"三公经费"、差旅费、电费、维修维护费等基本经费的压减工作，共压减经费1479.65万元。

（6）2021年度预算编制、申报

按照市财政局《关于启动编制2021年科技文化领域项目预算的通知》和市文物局计财处对编制2021年预算的要求，以及市财政局、市文物局对压减2021年预算经费的要求，完成2021年度项目预算和央地共建专项资金项目的申报工作。同时重视基础数据的准确性，与相关责任部门反复确认，完成基本经费预算的申报工作。

（7）资产管理

根据市财政局《关于开展2020年行政事业单位及所属企业年度产权登记工作的通知》要求，配合事务所完成产权登记工作。对没做过产权登记的首博万方（北京）国际文化发展有限公司和在做暂缓登记的北京文物国际旅行社有限公司两家企业做占有登记，北京圣博隆商贸有限公司做注销产权登记，其余三家下属企业正常办理年度检查。

完成固定资产信息化管理软件更新工作，新增库房管理等模块，与财政资产动态系统有效衔接，提升固定资产动态管理信息化水平。

（8）下属企业清理规范工作

为响应《北京市市级行政机关、市属事业单位所办企业清理规范工作的实施意见》要求，制定首博万方（北京）国际文化发展有限公司等3家下属企业的清理方案并上报市文物局批准。年内完成6家下属企业的审计、评估以及财政备案程序。北京圣博隆商贸有限公司于6月30日注销并完成国有资产退出工作；北京四方开元文化发展有限责任公司、北京中润文物鉴定中心、北京文博餐饮有限公司、北京文物国际旅行社有限公司四家企业在北京产权交易所（简称"北交所"）挂牌公示；首博万方（北京）国际文化发展有限公司待占有登记表返还后可在北交所挂牌。

（9）加强内控管理，推进首都博物馆内控体系建设

根据北京市财政局转发财政部《关于开展2019年度行政事业单位内部控制报告编报工作的通知》要求，按照首都博物馆内部控制实施及管理实际收集、整理数据，完成2019年度内控报告的撰写和填报工作。

根据财政部《关于印发〈行政事业单位内部控制规范（试行）〉的通知》（财会〔2012〕21号）要求，委托北京智联恒通咨询有限公司配合完成内部控制体系建设工作。同时，根据内控管理要求，为推动内控信息化建设，对三家内控软件公司的应用客户进行了调研和前期考察。

4. 法务与合同管理

严格执行合同管理办法，同时按部门建立合同台账，汇集相关合同原件及转签手续，消除在合同签署工作中可能存在的各项风险点，确保各项业务合同的顺利签署。全年共签订合同290余份，执行情况良好，无一涉讼。

5. 采购管理工作

（1）政府采购

根据《中华人民共和国政府采购法》《中华人民共和国招标投标法》和《政府采购集中采购目录及标准》等相关政策法规，严格贯彻落实"应采尽采"原则，全年共完成18个政府采购项目，中标金额6020.6万元，节约预算资金138.5万元。

（2）馆内采购

为进一步规范预算支出管理，按照保证质量、降低成本、提高国有资金使用效益的原则，严格执行《首都博物馆馆内采购工作管理办法》，对年度总预算支出未达到政府采购限额标准的货物、服务和工程类项目进行采购管理。全年共完成13个馆内采购项目，金额约720万元，节约预算资金约16.7万元。

（四）物业与固定资产管理

1. 疫情防控工作

年初，面对突发的新冠肺炎疫情，馆防控领导小组领导各相关部门，积极落实闭馆期间疫情防控工作要求，做到"保安全、保健康、保需求"。为保持馆区"零感染"及设备设施安全运行，采取了一系列有效措施。

根据《北京市文物局关于发布〈疫情防控期间北京地区博物馆有序开放工作导则〉的通知》《北京市文物局关于北京地区博物馆有序恢复开放的通知》以及《首都博物馆消毒工作管理方案》《首都博物馆公共卫生环境常态化实施方案》《办公建筑应对"新型冠状病毒"运行管理应急措施指南》等文件要求，制定《首都博物馆疫情防控应急预案》《物业部防疫期间物资采购工作方案》和《防疫期间进馆人员登记管理制度》等，做到有据可依、有事可寻，确保疫情防控管理工作的规范化和制度化。

储备一次性口罩、手套、护目镜、测温枪、防护服、消毒液等防疫物资，确保疫情期间物资充足；利用电话、微信等方式第一时间联系各类工作人员，全面梳理人员信息，进行每日分头联络、跟踪汇报。

做好特殊时期员工的意识形态教育和健康信息汇报工作。主动询问返京隔离人员、异地隔离人员的身体状况和家庭困难，多渠道传递各级领导的关怀和组织温暖，消除员工返京后的恐慌。在人员出京地区广、返京时间不统一、返京隔离地点分散等困难条件下，未出现因思想教育工作不到位产生的不良影响。

恢复开馆前，制定《疫情期间开馆保障方案》，对开放区、办公区、地下空间、外围、职工餐厅、垃圾中转站等区域的消毒频率和药液配比浓度进行确认，加大环境卫生专项整治力度，严格对公共区域人员聚集、密集的场所进行清洁、消毒和通风，防止疾病传播。

北广场消杀

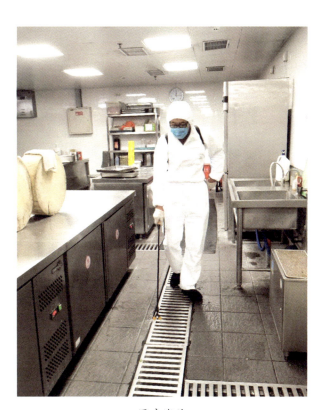

厨房消杀

2. 设备设施的维护、保养及更新改造

为保证各系统稳定运行，物业部与设备厂家、维保单位合作，完成"首博应急照明电源系统设备更新""2020年首都博物馆工程零配件采购"等项目共计36份合同的签订工作，并按合同要求完成各项维保、维修、改造任务，确保设备设施正常运行。

4月，完成冷却塔维修项目。因文物对温湿度的需求，制冷系统需要全年运行，冷却塔填料需要每年清洗，造成不同程度损耗，经多次讨论研究，决定更换部分填料，以保障制冷机组正常运行。

5月，完成中央空调水系统管道清洗预膜工作和制冷机房软化水系统改造项目。采暖、制冷、再热、冷却水系统由于运行时间久，系统内水垢、钙镁颗粒较多，使各系统用电、用水耗能加大，定期清洗后，延长了管道使用寿命，交换冷热量也得到较大提升。制冷机房软化水设备因运行时间过长，软化罐内环氧树脂严重老化，出水质量达不到使用标准，对各系统进行管道清洗镀膜后，水质检测达到规定要求。

11月，完成应急照明电源系统设备更新项目。该系统2005年投入使用，其中已有19台设备的线路板等器件严重老化，处于故障运行状态。进行更换后，实施电源切换试验以及断电工作时间试验，结果良好，解决了应急疏散照明供电系统问题，消除了一项消防安全隐患。

同月，完成馆内局部漏水点维修。因局部防水层破损，冷却塔区域和办公区西侧7层屋顶、锅炉房排污地沟、厨房洗菜水池排污地沟均出现渗漏现象，雨季尤为严重，影响其他设备安全运行。经重新铺设防水层，解决了局部漏水问题，消除了安全隐患。

12月，完成东广场隐患整改项目。因出现地面塌陷、地下室渗水等安全隐患，8月5日，由设计单位进行现场踏勘，10月1日开始施工，12月

中央空调水系统管道清洗预膜

制冷机房软化水系统改造

西侧屋顶重做防水层

锅炉房排污地沟重做防水层

改造基本完成，2021 年东广场可恢复正常使用。

3. 固定资产管理

持续推进固定资产管理工作。在新增固定资产验收、登记、核验和老旧固定资产报废工作的基础上，针对资产实物管理软件的应用进行调研，将原有软件进行了更新。同时对资产动态库（北京市行政事业单位资产管理平台系统）的 8876 条基础数据进行核对确认，确保新系统上线数据的准确性、真实性和时效性。年内新增资产 227 件（套），价值 2647092.05 元。其中土地、房屋及构筑物 3 件（套），价值 18780 元；通用设备 170 件（套），价值 1412192 元；专用设备 24 件（套），价值 842250 元；文物和陈列品 1 件（套），价值 33022 元；图书、档案 1 件（套），价值 27294.05 元；家具、用具、装具及动植物 25 件（套），价值 52580 元；无形资产 3 件（套），价值 260974 元。

对房山西库及馆内存放的废旧物资 7 批和 1916 件（套）进行了整理。其中包括家具、纸张、服装类废旧物资 1 批和 359 件（套）；办公设备类废旧物资 48 件（套）；专业设备、工具、电器类废旧物资 2 批和 62 件（套）；过期失效类废旧物资 272 件（套）；整体入账维修类废旧物资 4 批和 1175 件（套）。

4. 馆外库房建设

完成《首都博物馆馆外库房租赁项目》合同续签工作。

完成馆外库房空间改造项目。该项目于 2018 年 8 月立项，经过设计、预算评审、公开招标等一系列程序，于 2019 年 11 月 15 日开始施工，2020 年 4 月底完成。通过对内部空间的重新规划、改造，满足了文物存放的空间要求。

完成馆外库房恒温恒湿项目。该项目于 2018 年 8 月立项，经过设计、预算评审、公开招标等一系列程序，于 2019 年 12 月 10 日开始施工，

东广场地面改造动工

东广场铺设雨水管

馆外库房吊顶底板安装

馆外库房腻子、涂料、踢脚线施工完成

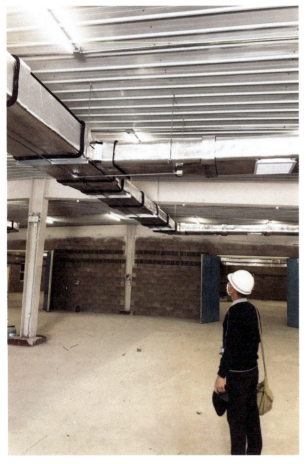

馆外库房恒温恒湿项目施工完成

2020年5月中旬完成，满足了3、4号库大藏经版及伟人像等文物的温湿度需求。该项目配置一套动力环境监控系统，用于恒温恒湿机组运行参数、库房温湿度参数、漏水信号及各类报警信号的远程实时监控。

5.医务服务

医务人员在疫情期间坚持出勤，为观众及员工提供专业疫情防控保障。初期配合属地疾控部门做好防护知识、消毒标准的宣传培训工作及防疫物资的管理和在岗员工每日防疫物品的发放。自5月1日恢复开馆后，每日在大厅值岗，对红外测温仪检测出异常体温的观众，使用水银温度计进行二次测温，共计10次；处理医务应急79次，确保了员工和观众的健康；完成药品管理、妇科体检、全员体检、健康证办理、独生子女药费报销等相关医疗工作。

外出活动中馆医随队进行医务保障

药品管理

应急救治

6.垃圾分类管理

深入学习中央财经领导小组第十四次会议精神，全面落实习近平总书记关于普遍推行垃圾分类制度的重要指示，根据《国家城市垃圾分类标准》《北京市生活垃圾管理条例》，制定《首都博物馆垃圾分类管理办法》《首都博物馆生活垃圾分类实施方案》《首都博物馆垃圾存放规定及管理办法》等制度，开展一系列垃圾分类工作：更换不具备分类功能的普通垃圾桶；悬挂垃圾分类横幅；对垃圾桶进行编号，建立台账，方便日常管理；对厨余垃圾产量进行核算，与清运单位建立联系，确保日产日清；物业部党支部联合工会、团委，开展"树立新风尚，智慧传美德"主题活动，设置"文明新风尚促进值守岗"，帮助员工养成光盘文明好习惯，树立垃圾分类投放新风尚。

垃圾分类

开展"树立新风尚，智慧传美德"主题活动

首都博物馆
年鉴·2020

九

基层党建

党委深化理论学习，提高全员理论水平，组织理论学习中心组学习20余次，疫情期间组建由90余名骨干组成的中心组扩大学习微信群，强化理论学习，队伍整体理论素质得到提升。在党的纪律建设方面，层层压紧压实管党治党政治责任，深入开展《中国共产党纪律处分条例》《中国共产党党内监督条例》学习活动，严格要求两级班子执行《首都博物馆党政班子六项规定》和《首都博物馆部门班子六项规定》。全馆人员强化了"看北京主要从政治上看"的根本原则，强化了"抓党建是第一政绩"的工作原则，"风清气正、团结进取、具有斗争精神"的政治生态持续巩固，不敢腐、不能腐、不想腐的反腐败斗争态势持续保持。为确保疫情防控各项工作落到实处，党政班子严格落实"四方责任"，确保各项措施到位，实现全年"零感染"目标。全年强化意识形态阵地建设，守好意识形态关口，未发生任何意识形态问题。

（一）落实从严治党主体责任

1. 赴西柏坡纪念馆、河北博物院交流学习

1月19日，党委书记白杰带队赴西柏坡纪念馆开展"不忘初心、牢记使命"2020年示范教育活动。党委副书记靳非、纪委书记彭颖和各部门主任集体参观基本陈列和革命故居，白杰就老一辈革命家和习近平总书记关于"两个务必"的重要论述进行现场宣讲，对新时代首都博物馆各级领导干部提出明确要求。十九大代表、西柏坡纪念馆党委书记王红陪同参观。当日下午，上海历史博物馆馆长胡江、王红和白杰分别代表三方签署建党百年主题展览合作协议，三馆领导班子成员共同出席签字仪式，首都博物馆各部门主任一同参加。

1月20日，靳非带队赴河北博物院开展全方位对口交流活动。彭颖和各部门主任分别与河北博物院各部门主任开展"一对一"工作交流研讨，并集体参观基本陈列，系统把握京畿大地历史文脉、增进两馆人缘相亲。河北博物院院长罗向军、副院长刘栋、徐艳红全程陪同参加。

2. 发挥"双报到"机制作用，投身社区（村）疫情防控

严格落实中共北京市委组织部《关于发挥"双报到"机制作用组织在职党员干部积极投身社区（村）疫情防控的通知》、中共北京市委市直属机

关工作委员会（简称"市直机关工委"）《关于进一步发挥"双报到"作用组织动员市直机关在职党员积极投身社区（村）疫情防控的具体措施》及北京市文物局机关党委《关于进一步发挥"双报到"机制作用组织动员市文物局系统在职党员积极投身社区（村）疫情防控的通知》精神，党委高度重视，迅速行动，教育引导在职党员提高政治站位，在防控一线争做先锋表率，彰显责任担当，充分发挥"双报到"机制作用，组织在职党员干部积极投身社区（村）疫情防控。

国内部田征军累计参加在职党员卡口值守 15 次，参加"学雷锋"志愿者服务 4 次，因表现突出，被东城区委组织部授予"社区防疫标兵"称号。物业部于妍因参与社区防控表现突出，被东城区政府授予"社区防疫标兵"称号。丰台区丰台街道向阳社区党委、西城区天桥街道禄长街社区党委、什刹海街道前海社区党委、海淀区人民政府学院路街道党委分别致函，对物业部李子祥、藏品部赵型、保护部马燕和宣教部叶萌在参与社区防控中的突出表现给予表扬和感谢。

党建部党支部尚红建参加冠城园社区防疫工作

保护部党支部马燕支援西城区前海社区防疫一线工作

3. 捐款支持疫情防控工作

根据市直机关工委《关于组织党员自愿捐款支持新冠肺炎疫情防控工作的通知》要求，党委组织党员开展自愿捐款支持疫情防控工作，捐款党员累计 194 人次，捐款总金额 45161 元。其中参加统一捐款 176 人次，捐款金额 39961 元，通过其他途径捐款 18 人次，捐款金额 5200 元。

4. 组织学习疫情防控工作重要指示精神

疫情期间，各党支部通过网络平台组织党员学习全覆盖，重点学习贯彻习近平总书记关于疫情防控工作的重要讲话精神和北京市委、市政府、宣传部、文物局等上级机关关于疫情防控工作的重要指示精神。

5. 开展全民国家安全教育日活动

4 月 15 日是第五个全民国家安全教育日，在全馆显著位置张贴宣传材料，党委通过向各部门下发总体国家安全观公益宣传片、短视频和案例解析等学习材料，组织全体员工在线学习，深化国家安全意识。各党支部相继组织开展主题党日活动，集体学习《中华人民共和国国家安全法》《中华人民共和国网络安全法》等法规文件精神，结合全民国家安全教育日主题，分享学习体会。

6. 下沉社区

为助力全市抗疫，根据市委组织部、市直机关工委工作指令，按照市文物局机关党委要求，迅速由李陶、李健、田征军、刘伟男、王江五位党员组成工作小分队，自 6 月 22 日起参与全市下沉支援丰台区社区防疫一线工作。7 月，在右安门街道开展社区服务累计 500 余小时，支援开阳里第四社区、玉林西里社区、东滨河路社区和玉林东里一社区的防疫工作，进行卡口值守、体温检测、治安维护、隔离居民生活保障、居民核酸检测数据录入汇总、垃圾分类指导等相关工作，圆满完成支援全市防疫工作任务。

保护部王江、李健，国内部田征军，团委刘伟男（从左至右）支援丰台区社区防疫一线工作

信息部李陶支援丰台区社区防疫一线工作

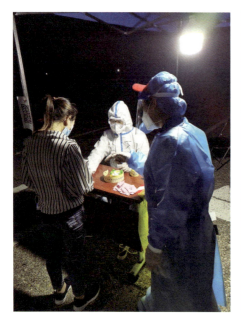

保护部李健支援丰台区社区
防疫一线工作

保护部王江下沉丰台区右安门街道东滨河路社区
支援一线防疫筛查工作

党委副书记、馆长韩战明（后排左一）代表党委和全体员工到丰台区
右安门街道看望慰问参与下沉支援社区防疫的首都博物馆党员

7. 组织召开"庆祝中国共产党成立 99 周年暨习近平新时代中国特色社会主义思想历程学习分享会"

6月28日下午，北京市文物局局长陈名杰，局机关党委专职副书记（党组办公室主任）、一级调研员王晨出席首都博物馆"庆祝中国共产党成立99周年暨习近平新时代中国特色社会主义思想历程学习分享会"。会上，白杰汇报了首都博物馆开展《习近平的七年知青岁月》《习近平在正定》《习近平在厦门》《习近平在宁德》四本书学习活动的基本情况，国际部副主任高艳军、财务部党支部书记刘平、陈列部党支部书记李丹丹、藏品部负责人冯好、陈列部主任吴明，纪委书记、党建部主任彭颖就学习心得进行交流发言。王晨希望首都博物馆党委持续抓好理论学习，不断强化思想建设。陈名杰在听取发言后从"三个善于"

展开做重要讲话，他强调要善于学原著，读原文，悟原理；要善于抓党建、抓业务，做到两手抓、双促进；要善于用科学思维解决工作中面对的各种问题。首都博物馆党政班子成员、各部门主任、党支部书记共 29 人参加会议。

8. 开展"共产党员献爱心"捐献活动

按照北京市文物局《关于做好 2020 年"共产党员献爱心"捐献活动工作的通知》要求，党委高度重视，各支部积极开展动员，认真组织广大党员群众开展捐献活动。在"共产党员献爱心"活动中，两级班子率先垂范，广大党员积极响应，共有 152 名党员、45 名入党积极分子和群众参加，总计捐款 28668 元。

9. 组织开展"七一"党课学习

根据北京市文物局纪念中国共产党成立 99 周年工作安排，陈名杰以《以党的政治建设为统领推动首都文博事业高质量发展》为题，通过视频方式为全局系统党员干部职工讲"七一"专题党课。按照局机关党委要求，党委将通知转发至各支部，并组织全体党员、员工采取观看视频的形式学习党课。

通过学习，大家深刻认识到党的政治建设的重要意义，应该如何正确处理党建与业务的关系，进一步理解了为什么要强调政治建设、政治建设抓什么、政治建设怎么抓三个方面的内容。大家一致认为要将这次党课学习的收获结合自身的岗位职责运用到工作中，做到"两手抓"，即"一手抓思想，一手抓实践"，勤学习勤思考，让"初心"在实践中扎根，恪守职责、勇于担当，让"使命"在实践中出成效。

10.组织学习《习近平谈治国理政》第三卷

按照中共北京市文物局机关委员会《关于认真组织学习〈习近平谈治国理政〉第三卷的通知》要求，各支部认真抓好学习落实，组织党员开展学习交流活动。

11.开展党组织书记讲党课活动

7月31日，宣教部党支部书记张余为支部党员讲授"仰望星空 脚踏实地——新时代青年党员的使命与担当"主题党课。党课着重从既有长远眼光更要脚踏实地干事、坚持学习要有自找苦吃的精神、修炼提升先做人后做事等方面，结合"三个一""四力""三个把"，就如何做忠诚、担当、奉献的共产党员，如何做勤学、吃苦、奋进的新时代青年展开，激励青年党员应做到知行合一，不断锐意进取，砥砺奋进。

8月3日上午，白杰以"历练'脚力、眼力、脑力、笔力'——提升党在基层的执政水平和首博发展的中坚领导水平"为题，就习近平总书记对广大宣传思想工作者增强"四力"的要求，结合首都博物馆实践和当前干部队伍实际，为两级班子、团委书记班子讲党课。

12.组织学习《中国共产党基层组织选举工作条例》

根据市文物局机关党委下发的《关于认真学习贯彻〈中国共产党基层组织选举工作条例〉的通知》要求，党委高度重视，要求党员要深入学习领会《条例》内容，确保为选举工作打好基础，提升选举工作的规范性和标准度；各支部要对《条例》内容做好宣传，通过"三会一课"、上党课等方式组织支部党员参与到《条例》的学习中来，提高党员干部的政治意识，提升广大党员对条例的知晓度；要准确把握选举工作的基本要求、人选条件、主要流程等，学好用好这一基层组织选举的"工作指南"，严格按照《条例》要求开展好基层党组织换届选举工作，不断增强基层党组织政治功能，把基层党组织建设得更加坚强有力。

13.参加文物局党组织书记和纪检干部培训班

9月16～18日，局机关党委组织文物局党组织书记和纪检干部培训班。陈名杰出席开班仪式，并以"新时代首都文博事业高质量发展面临的形势与任务"为题授课。北京市文物局党组成员，市纪委、市监委驻市文物局纪检监察组组长滕修展作党规专题辅导。白杰、彭颖和党建部负责人、各支部书记参加。

14.集中传达学习十九届五中全会精神

11月3日下午，根据中共北京市文物局党组《关于认真学习宣传贯彻党的十九届五中全会精神》的通知要求，首都博物馆党委组织全体党员集中传达学习十九届五中全会精神。白杰主持学习会，韩战明传达，全馆152名在职和退休党员参加。

15.选举出席中共北京市文物局机关第一次党员代表大会代表

11月3日下午，受首都博物馆党委委托，

白杰主持全馆党员大会，依据《中国共产党章程》和《中国共产党基层组织选举工作条例》选举出席中共北京市文物局机关第一次党员代表大会的首都博物馆代表，彭颖等 16 人当选。

16、"共和国 70 年的历史进程和经验启示"宣讲活动

11 月 26 日上午，首都师范大学马克思主义学院教授祝志男以"共和国 70 年的历史进程和经验启示"为题在馆内做专题报告。副馆长黄雪寅，党委委员、学术委员会秘书长龙霄飞和部门班子成员、全体党员、团员、积极分子、工会委员、工会小组长参加。

17. 组织观看电影《秀美人生》

2020 年是决战决胜脱贫攻坚、全面建成小康社会之年，为营造决战决胜脱贫攻坚社会氛围，按照北京市文物局组织宣传处《关于组织观看电影〈秀美人生〉的通知》要求，12 月 25 日、28 日，首都博物馆党委组织在编及劳务派遣员工共计 157 人分两批观看脱贫攻坚主题电影《秀美人生》。

18. 参加北京市文物局机关第一次党员代表大会

12 月 24 ～ 25 日，北京市文物局机关第一次党员代表大会召开，陈名杰和市直机关工委组织部长尹波到会并做重要讲话，会议听取并审议了局机关党委和局机关纪委工作报告，选举产生了市文物局第一届机关党委、机关纪委。首都博物馆 16 名党员代表参会，展现了新时代首都博物馆党员风采，彭颖当选机关党委委员。

（二）党风廉政建设

12 月 17 日下午，党委为加强廉政文化建设，贯彻落实全市、市宣传系统和市文物局系统领导干部警示教育大会精神，召开全馆警示教育大会。

靳非主持大会，两级班子成员和全体党员参加。会议由韩战明传达陈名杰在全局警示教育大会上的重要讲话内容，白杰就"原原本本学习名杰同志讲话、切切实实提高政治站位、认认真真时刻明晰公与私、严严肃肃把好主责与底线以及确保安全稳定防疫、全力以赴推动东馆建设"提出明确要求。

（三）党支部建设

1. 党支部换届

6 ～ 8 月，陈列部党支部、信息部党支部、国际部党支部、财务部党支部、开放与安保部支部、物业部党支部、国内部党支部、党建部党支部分别召开党员大会，审议本部门本届党支部工作报告，开展支委会换届选举。

2. 召开新一届在职党支部换届后的委员集体谈话会

8 月 31 日上午，靳非主持召开新一届在职党支部换届后的委员集体谈话会。彭颖进行廉政谈话，并就党务干部的应知应会等提出要求。谭晓玲等 6 名党员分别代表当选的书记、副书记、委员进行表态发言。白杰代表党委从强化执政意识，突出政治；建牢支部堡垒，突出规范；扮好自身角色，强化虚心、律己与斗争三个方面提出明确要求。党政班子成员集体出席，42 位支部成员参加。

3. 党员发展

11 月 13 日下午，物业部党支部召开全体党员大会，经无记名投票一致通过，接收毛垣青为中共预备党员。

4. 各支部组织党日活动

4 月 17 日，藏品部党支部开展主题党日活动，集体学习《2019 年文物行业热词》，强化文博工作者的社会责任和时代担当意识，结合各自的科研与工作成果，分享经验，交流体会。

财务部党支部于六一儿童节前夕开展了以"分享童书、分享爱"为主题的网络捐书活动，号召支部全体党员捐出家中闲置的童书，与受捐赠地区的儿童共同分享，让孩子们拥有更多的精神食粮。此次活动通过"湖北省枣阳市随阳管理区中心小学"的捐书活动平台，共捐赠儿童课外读物89本，丰富了孩子们的文化生活。

6月4日下午，党建部党支部在线组织开展主题党日活动。全体党员以线上参观香山革命纪念馆的方式，重温北京市在党的建立与新中国建立中的光辉历程。

7月3日下午，国际部党支部组织线上庆"七一"主题党日活动，党员黄小钰以讲座的形式为支部宣讲正在策展的庆祝建党百年主题展览内容，以此回顾党的历程，引领部门业务开展，庆祝建党99周年。副馆长黄雪寅应邀参加。

7月14日，首都博物馆、北京城市副中心投资建设集团有限公司（简称"北投集团"）、北京城建集团有限责任公司（简称"北京城建集团"）联合举办庆祝建党99周年支部共建活动，组织党员参观"1420：从南京到北京"和"古都北京·历史文化篇"展览并座谈。白杰、副馆长杨文英，北投集团重大项目总监、三大建筑项目部总经理陈宏达，北京城建集团工程总

首都博物馆、北投集团、北京城建集团联合举办庆祝建党99周年支部共建活动

承包部总工程师段先军参加活动。

7月15日上午，为纪念中国共产党成立99周年，财务部、国内部、国际部、陈列部四个党支部共同开展主题党日活动，赴中华世纪坛参观"初心·见证"红色文化主题展。

参观"初心·见证"红色文化主题展

8月1日上午，为庆祝建军节，开放与安保部党支部、物业部党支部与驻馆武警中队党支部联合开展主题党日活动，就党建引领与军民融合进行座谈。

8月13日下午，国际部党支部赴香山革命纪念馆开展主题党日活动，参观纪念馆基本陈列，为筹备建党百年主题展览深化党史学习。国际部、东馆建设办、陈列部员工一同参加。

8月24日下午，党建部党支部组织线上党课，集体学习《深刻理解人民军队的建军之本强军之魂》《铁血丹心铸军魂——党对人民军队的绝对领导制度为何动摇不得？》《从"镰刀斧头"到"八一军旗"——细数人民军队的军旗演变》等文章并观看《巍巍天山——中国新疆反恐记忆》纪录片，强化党员对人民军队重要性和长期抓好意识形态领域工作的意识。

8月27日，宣教部党支部开展主题党日活动，组织党员、讲解员赴香山革命纪念馆参观学习，就革命题材展览讲解技巧与相关专家进行深入交流。

9月7日和15日，宣教部党支部开展主题党日活动，组织党员和部门员工围绕筹备建党百年主题展览开展教研活动，赴中国人民抗日战争纪念馆、卢沟桥和中国人民革命军事博物馆进行专题业务培训。

9月7～9日，各党支部分别组织党员、群众参观"2020年中国国际服务贸易交易会"暨第十五届北京文博会，多个部门还结合本部门业务，组织开展相关调研活动。

10月15日，为拓宽工作思路，与兄弟馆建立紧密联系，办公室党支部组织开展参观中国电影博物馆主题党日活动，支部党员、班子成员、部门骨干一同参加并开展调研活动。

10月26日上午，为在全馆范围内营造"厉行节约，拒绝浪费"与"绿色环保，垃圾分类"的良好氛围，财务部党支部与团委联合开展"垃圾分类大作战"活动，通过简单有趣的游戏形式，组织党员、团员学习垃圾分类知识，在"光盘行动"和垃圾分类工作中发挥首博智慧，贡献首都博物馆力量。

11月3日下午，党委组织集体党日活动，全体党员共同前往中国人民革命军事博物馆，参观"铭记伟大胜利 捍卫和平正义——纪念中国人民志愿军抗美援朝出国作战70周年"主题展览。党员们接受了一次深刻的革命传统教育和思想洗礼，纷纷表示将始终铭记抗美援朝战争伟大胜利，大力弘扬伟大的抗美援朝精神，从中汲取攻坚克难的坚定决心和奋勇前行的强大力量。

12月21日下午，财务部党支部开展"过政治生日、不忘入党初心"主题党日活动，组织党员重温入党誓词，面对党旗庄严宣誓。党委委员、副馆长齐密云以普通党员身份参加，为党员送上政治生日祝福和寄语，对今后的学习、工作及生活提出要求和期望。活动邀请北京剪纸非遗传承人、北京一级工艺美术大师徐阳现场指导，运用

财务部党支部开展"过政治生日、不忘入党初心"主题党日活动

非遗剪纸技艺创作党旗主题艺术作品。

（四）团组织建设

2020年，在党委和北京市文物局团委的坚强领导下，团委坚持以"围绕中心、服务大局，凝心聚力、服务青年"为主线，努力克服疫情带来的不利影响，稳步推进团委各项工作有序开展。

1月13日，团委与工会联合举办"新起点新跨越 新梦想"新春联欢会，为员工搭建才艺展示平台。所有节目均由各部门员工自编自导自演，包括歌舞、曲艺、乐器演奏等多种形式，大家欢聚一堂，共同迎接新一年的到来。

1月17日，团委联合党建部党支部开展"敬老院里送温暖"志愿服务活动。在农历小年当天前往月坛街道鹤童敬老院，带去同事们捐赠的各类洗护用品和清洁用品。大家和老人们一起合唱怀旧老歌并在院内张贴"福"字和各式春联，将祝福送到老人们身边。

3月2日，团委发出倡议，号召团员青年用实际行动支持战斗在抗疫一线的湖北省博物馆青年。倡议发出后，收到来自14名青年共计1800元自愿捐款，采购了一次性口罩600只发往湖北省博物馆。

3月28日，根据共青团北京市委员会、北京市青年联合会工作安排，协助市青联委员、保护部闫丽录制"我在北京等你，欢迎回家"视频短片，助力抗疫宣传。

3～5月，通过网络，线上组织团员青年学习交流习近平总书记在2月23日统筹推进新冠肺炎疫情防控和经济社会发展工作部署会议上的讲话、《让青春在党和人民最需要的地方绽放绚丽之花》（习近平3月15日给北京大学援鄂医疗队全体"90后"党员回信）、习近平《五四青年寄语》

2020年"新起点 新跨越 新梦想"新春联欢会

录制"我在北京等你，欢迎回家"视频短片

等内容，通过学习不断提升团员青年的政治意识、政治素养。同时组织团员青年参加北京市直机关青年忠诚教育系列大讲堂、团中央"青年大学习"等线上培训课程。

在全馆团员青年中开展"建言十四五、献策东馆建设"主题活动，共收到七个方面165条意见建议，得到了馆党委的高度重视。

以在微信群中分享的形式，组织团员青年开展"星星书会——云读好书"线上读书分享活动，每周由3名团员青年各分享一本好书，共有31名团员青年参与到活动中。

5月，为纪念五四青年节，加强对团员青年的思想引领，以"五四精神"激励当代青年担负历史重任，在首都博物馆第三次创业发展中贡献青春力量，团委组织青年们学习习近平关于青年工作重要思想，习近平在陕西、浙江、山西等地调研考察时关于文物工作重要指示精神以及陈名杰在全局纪念五四青年节主题座谈会上的讲话。举办"传承五四精神·不负韶华 砥砺前行·用青春色彩描绘新时代首博——首博青年主题座谈会"，请青年们分享学习体会并联系自身工作岗位、个人规划，为首博发展和助力全国文化中心建设建言献策。

6月，开启与新疆喀什地区伽师县玉代克力克乡英买里村文化共建活动，团委发动团员青年参与，以实际行动助力文化润疆，捐赠儿童图书699册（套）及其他文具、教具，并在英买里村建立"首博阅览角"，邀请7名当地儿童作为"小小图书管理员"，分组管理阅览角的各类图书。同时，团员青年捐款购买液晶电视1台，通过

五四青年节学习交流活动

视频和语音讲解的方式，把首都博物馆的优质展览呈现给英买里村村民，传播历史文化知识，增强民族认同感和自信心。

6～9月，团委配合党建部为40岁以下青年党员和团员发放《习近平的七年知青岁月》一书，组织大家学原著、谈体会。开展"首博青年作主讲"活动，以首都博物馆第三次创业为契机，激励青年讲奋斗故事、抒奋斗之情，发扬奋斗精神，为首博的发展贡献青春之力。

10月3日，团委与英买里村文化共建活动在村内举行，陈名杰、白杰、英买里村第一书记刘立群以及县、乡领导共同出席活动，并见证了《首博团委与英买里村文化共建合作框架协议》签约仪式。

11月11日，团委联合北京市发展和改革委员会直属机关工会、团委，月坛街道团工委，保利集团工会、团委，首开集团工会、团委共同开展以"爱让我们在一起"为主题的博物馆约会夜活动，共有来自市直机关、事业单位，国有企事业单位的80余名单身青年参与活动。

（五）工会组织建设

在市文物局工会和首都博物馆党委的领导下，认真落实市总工会"1+15"文件精神，克服新冠

"首博青年做主讲"活动

英买里村"首博阅览角"

《首博团委与英买里村文化共建合作框架协议》签署

"爱让我们在一起"博物馆约会夜活动

肺炎疫情影响，结合实际情况，积极开展首都博物馆工会各项工作，构建和谐劳动关系，促进首都博物馆健康发展。

1.发挥工会作用，维护职工权益

受疫情影响居家办公期间，完成全馆437名会员"住院医疗及住院津贴互助保险"项目的续保工作，为250名女会员办理在职女职工特殊疾病险，为全馆438名会员办理重大疾病保险。完成2019年四季度、2020年一二季度京卡理赔核查。在5月1日恢复开馆时，工会干部到开放一线参加服务工作，协助观众疏导、车场管理等工作。

2.活动形式多样，增加职工凝聚力

受疫情影响，不能组织聚集性活动，工会利用微信群、QQ群不定期为职工发放各种学习材料、工作动态，三八妇女节组织全馆250名女会员进行线上有奖知识问答。

由首都博物馆承办的市文物局工会体育俱乐部第一届"文博杯"篮球系列比赛于11月11日、16日举办，参加单位包括首都博物馆、文物局机关、北京奥运博物馆、孔庙和国子监博物馆等，陈名杰做动员并参加比赛。

3.送温暖，做职工贴心人

在"元旦春节送温暖活动"中，为1名患有重大疾病的员工发放困难补助慰问金，为受疫情影响低收入职工发放慰问金；春节前夕为全馆会员发放慰问品434份，中秋、国庆两节前发放慰问品430份。

为做好5月1日恢复开馆后的疫情防控工作，保障一线员工圆满完成开放接待任务，工会将关爱落到实处，为每人配发防晒冰袖和冰镇饮料；天气转冷后，又为每人配发冬帽、围巾及暖宝宝，以实际行动为一线员工提供服务保障。

4.完成上级工会布置的任务

组织女职工参加市文物局工会举办的三八妇女节"爱工作、爱生活，凝聚力量，抗疫同行"作品征集活动，获得一等奖1名、二等奖5名、三等奖13名，首都博物馆工会获得最佳组织奖。组织会员参加局工会健体俱乐部答题活动，共有397人参加。组织会员观看《劳动者之歌》系列报道，并向局工会上报25篇观后感。

落实全市抗疫工作统一部署，安排人员下沉到丰台区，参与西罗园街道、长辛店街道、方庄地区的核酸检测工作，配合完成11000余名居民的核酸检测，之后又协助右安门街道进行社区疫情防控工作。

响应市委市政府号召，以实际行动助力脱贫攻坚。在国庆、中秋双节来临之际，采买贫困地区出产的农产品发放给会员，将员工福利需求与当前党和国家的重点工作有机结合，既保证了员工利益，也为脱贫攻坚工作贡献了首都博物馆力量。

组织员工参加局工会体育俱乐部举办的第一届"文博杯"乒乓球、羽毛球比赛，获得乒乓球比赛女双季军、男双季军，羽毛球比赛女双冠亚军、女单冠军、混双冠亚军、男双冠季军、男单亚军。

（六）统一战线工作

首都博物馆历来十分注重统战工作，全力支持、关心民主党派人士开展工作，在职员工中有民主党派人士5人，无党派人士2人，他们在各自的工作岗位上，履职尽责，充分发挥专长，在各项工作中起到了重要作用，为博物馆的发展贡献了力量。

首都博物馆
年鉴·2020

十

东馆建设

党委高度重视东馆建设工作，形成一把手挂帅、分管领导全程参与、定期听取东馆建设工作进度、部署下阶段工作的机制，并建立建设单位、代建单位、总包单位、监理单位定期工作会制度。截至12月底，已召开与东馆建设相关的党委会及专题会30余次，对建设工作进行部署、研究。

为进一步推进东馆建设工作，经12月8日党委会决议，组建财务工作、展陈建设、信息化建设、文保建设、基础设施与运营建设、观众服务与安全建设六个专项工作组，确保有序开展东馆建设相关工作任务。

新冠肺炎疫情期间全力保障东馆建设工作。自2月9日东馆建设工程复工以来，东馆建设办全体工作人员始终坚守工作岗位，会同代建单位、设计单位、可行性研究报告编制单位（简称"可研编制单位"）、馆内相关部门召开80余次视频工作会，就《项目建议书（代可研报告）》、平面功能布局、文保功能区工艺设计、信息化设计、暖通设计、氮气库房设计进行研究，确保各项工作顺利推进。

（一）项目建议书（代可研报告）评审工作

根据北京市发展和改革委员会（简称"市发改委"）、北京市财政局（简称"市财政局"）《关于印发加强市级政府性投资建设项目成本管控若干规定（试行）》（京发改[2019]990号）精神，会同项目代建单位及可研编制单位梳理相关基础材料，科学估算投资成本，提升投资概算的准确性，编制完成《项目建议书（代可研报告）》，经5月19日党委会和5月20日北京市文物局（简称"市文物局"）局长办公会审批，并根据市发改委相关负责处室意见，经4轮修改后，于6月15日由市文物局正式向市发改委上报。

7月2日，市发改委主持召开东馆项目建议书（代可研报告）专家评估会议，首都博物馆配合代建单位，会同可研编制单位、设计单位，根据会议精神开展材料补充说明工作，于7月16日完成答复初稿，按照工作程序向评审机构提交。按照市发改委8月5日主持召开工作调度会的要求，进一步修改完善答复文件，并对投资估算进行多轮优化，于 8 月 24 日按照工作程序向评审机构提交答复文件修改稿，年内完成了评审工作。

市发改委完成内部审批程序，并经 11 月 17 日北京市市长陈吉宁主持召开的第 92 次市政府常务会议审议通过，批准立项。项目投资估算为 17.33 亿元。

（二）固定资产投资外全口径建设投资测算工作

根据市发改委、市财政局《关于印发加强市级政府性投资建设项目成本管控若干规定（试行）》（京发改 [2019]990 号）及市财政局《关于做好市级政府性投资建设项目开办和运行维护资金测算与审核工作的通知》（京财政建 [2020]1067 号）精神，政府投资项目应于立项时提出全口径投资估算。在市文物局、北京城市副中心工程建设管理办公室（简称"副中心工程办"）的领导下，组织代建单位、可研编制单位、设计单位、馆内相关部门就东馆固定资产投资外全口径建设投资估算编制工作进行研究。

结合东馆设计深度研提开馆相关费用需求，科学、合理测算投资，经 9 轮研究修改，编制完成固定资产投资外的建设全口径投资估算，并于 9 月 8 日向市文物局上报《首都博物馆关于东馆固定资产投资外全口径建设投资估算的报告》。后根据 9 月 18 日市财政局主持召开协调会要求，对开办费、运维费、展陈费、文保设备费进行优化并分年度进行估算编制，于 9 月 28 日向市文物局上报《关于首都博物馆东馆固定资产投资外全口径建设投资估算优化情况报告》，经市文物局审阅后于 9 月 29 日报市财政局。

10 月 23 日，市财政局主持召开专家论证会，就东馆固定资产投资外全口径建设投资测算情况进行论证，按照专家意见进一步优化，批复回函。根据市财政局回函要求，开办费压减 0.7 亿元，控制在 5.45 亿元以内；运维费控制在 1.79 亿元以内。

（三）设计工作

1. 初步设计及深化

结合博物馆功能需求，会同设计单位、代建单位，就东馆初步设计及深化设计进行专项梳理研究，广泛征求博物馆建设专家及馆内各部门意见，组织召开 10 余次工作会，完成东馆初步设计深化方案，并经 11 月 24 日党委会审议通过，于 12 月 7 日上报市文物局审批，获批后按照工作程序向代建单位提交确认意见。

2. 施工图设计

配合代建单位、设计单位开展施工图设计相关工作。就代建单位和设计单位在开展施工图设计过程中提出的功能问题组织馆内相关部门进行专题研究，共召开相关工作会 10 余次，梳理相关问题 40 余条，并就相关意见与设计单位、代建单位进行专项梳理研究，研提完善方案并反馈设计单位。

3. 室内装饰设计

会同代建单位、设计单位、馆内相关部门召开 20 余次工作会，有序推进东馆室内装饰设计工作。同时，为进一步提升东馆内部装饰设计水准，更好地满足实际功能需求，邀请中央戏剧学院 2 位教授，就报告厅、放映厅、多功能厅的室内功能设计进行指导；邀请北京史专家讲解北京历史传统文化，为东馆内部装饰方案提供借鉴；为开阔东馆国事接待厅室内装饰设计思路，组织代建单位、设计单位赴怀柔雁栖湖国际会议中心进行专题调研。

9月9日，邀请中央戏剧学院专家指导东馆报告厅、放映厅、多功能厅室内功能设计

（四）相关专项研究工作

组织馆内相关部门、代建单位、设计单位召开40余次专题工作会，就东馆文保功能区工艺设计及展示工作、暖通空调设计、信息化设计、消防设计、氮气库房设计、东馆市政配套工程设计、东馆广告展示及玻璃幕墙设计、建筑泛光照明设计、电梯工程相关工作进行研究。

组织以保护部实验室相关业务人员为主的专班力量，全面参与东馆文保中心平面设计图研讨，开展文博行业使用仪器设备情况大调研并制作仪器设备需求表，进行仪器设备选型等工作，为东馆文保中心建设做好服务支撑。初步划分东馆文保区的功能，安排相关人员进行仪器设备技术参数的深度调研。召开专家论证会，邀请文保专家就东馆文保实验室设备设施配置进行论证，按照专家意见进一步修改、完善。

（五）推进项目代建工作

与东馆建设总顾问、首都博物馆法律顾问、工程专家就东馆建设工程施工阶段相关工作进行

10月14日，东馆平面设计优化工作情况汇报会

研究，并对代建单位提交的《首都博物馆东馆工程项目合同管理办法》《首都博物馆东馆项目招标采购管理办法》《首都博物馆东馆工程项目深化图纸管理办法》进行会商，研提修改意见；建立主责单位、建设单位、代建单位、总包单位、监理单位定期工作会制度，就东馆建设工作中出现的各类问题及时对接研究。

（六）工程进展情况

土护降工程于4月30日实施完成；主体结构工程于8月21日完成监理招标工作，10月13日完成总包招标工作；工程桩于9月28日实施完成；垫层、防水、保护层施工有序开展；12月底完成主体工程40%。

10 月 23 日，东馆开办费、运维费投资测算情况论证会

12 月 1 日，东馆电梯工程建设专题会

12月2日，东馆建筑泛光照明设计及建筑周边绿化设计研究会

12月4日，东馆初设概算专题会

首都博物馆东馆筹建工作月纪

序号	时间	工作内容	参会人员
1	1月3日	东馆建设办主持召开专题会，对东馆功能布局进行深化研究	首博：张宇、任巍、张哿 阿海普建筑设计咨询（北京）有限公司（简称"法铁"）：孙大亮、杨东方
2	1月7日	副馆长杨文英主持专题会，研究东馆文保区定位及两馆文保功能划分	杨文英、张宇、赵瑞廷、任巍、张哿
3	1月8日	杨文英听取东馆初设施工图情况汇报，对部分功能布局提出指导意见，部署下一阶段设计工作	首博：杨文英、张宇 法铁：孙大亮
4	1月9日	东馆建设办主持召开专题会，研究东馆前期运营费用事宜	首博：张宇、任巍、张哿 法铁：孙大亮 北京市工程咨询公司（简称"北咨公司"）：唐晓哲
5	1月10日	东馆建设办主持召开专题会，研究东馆超高强度混凝土技术及建设材料的应用	首博：杨文英、张宇 法铁：孙大亮 北咨公司：唐晓哲
6	1月13日	北京城市副中心投资建设集团有限公司（简称"北投集团"）主持召开东馆隔震方案专家咨询会，邀请建筑、结构及文博专业5位专家对东馆隔震方案进行论证	北投集团：李彤 首博：张宇 市发改委：李方东 专家：周福霖、郁银泉、葛家祺、傅绍辉、杨盛 北咨公司、中国航空规划设计研究总院（简称"中航院"）、中国建筑设计研究院（简称"中建院"）、法铁
7	1月14日	东馆建设办组织召开专题工作会，对东馆平面功能布局进行宣讲	首博：杨文英、杨丹丹、彭颖、张淼、冯妤、谭晓玲、高艳军、吴明、李丹丹、赵瑞廷、高新峰、杜侃、孙芮英、刘平、何辉、张宇、任巍、张哿 法铁：侯砚、孙大亮
8	1月15日	副中心工程办主持召开"城市绿心三大建筑调度会"，对三大建筑投资估算申报相关工作进行研究	副中心工程办：徐桂珍 首博：张宇、任巍、张哿 市财政局：王永怀 北京市文化和旅游局（简称"市文旅局"）：桂宏 北投集团：孙佳伟
9	1月19日	市发改委社会处主持召开"城市绿心三大建筑工作调度会"，对三大建筑项目建议书编制工作进行研究，并对下一步工作进行部署	市发改委：石威 首博：张宇、任巍、张哿 副中心工程办：徐桂珍 首都博图书馆（简称"首图"）：徐冰 北投集团：陈宏达、段继锋、孙佳伟、冯锐等 中建院：王哲宁 北咨公司：唐晓哲

序号	时间	工作内容	参会人员
10	2月6日	党委书记白杰主持召开东馆建设工作调度会，对2020年任务清单进行梳理，对下一步重点工作进行研究	白杰、杨文英、张宇、任巍
11	2月11日	市文物局局长陈名杰主持召开第二次局长专题会，听取首博关于东馆建设整体工作汇报，专题研究2020年工作任务和难点问题	市文物局：陈名杰、王翠杰、滕修展、凌明、白杰、杨家毅、李学军、刘能、景旭 首博：杨文英、张宇
12	2月14日	副中心工程办主持召开三大建筑全要素设计及可研编制专题视频会，对相关问题进行研究	副中心工程办：徐桂珍、裴杰 首博：张宇 市文旅局：桂宏 首图：徐冰 北投集团：陈宏达、李景祥、段继锋、赵雪莲、冯锐、孙佳伟、李静平 中建院：郑旭航、唐艺 北咨公司：唐晓哲
13	2月26日	东馆建设办主持召开东馆项目建议书视频会，研究东馆局部功能区特殊建筑材料选用对项目估算的影响情况	首博：张宇、任巍、张哿 法铁：侯砚、孙大亮 北咨公司：唐晓哲
14	2月27日	北投集团组织召开三大建筑信息化设计及可研编制情况专题视频会，研究三大建筑全口径可研编制工作，重点研究全口径信息化设计和估算工作	北投集团：陈宏达、孙佳伟 首博：张宇 中建院：郑旭航、唐艺 北咨公司：唐晓哲、魏世杰 首图：李冠男、徐冰
15	3月1日	东馆建设办主持召开视频会，研究东馆建筑初步设计图优化工作	首博：张宇、任巍、张哿 法铁：侯砚、孙大亮
16	3月2日	东馆建设办主持召开视频会，专题研究东馆项目建议书估算相关事宜	首博：张宇、任巍 北投集团：冯锐 北咨公司：唐晓哲 法铁：侯砚
17	3月3日	东馆建设办主持召开东馆建设工作视频会，专题研究文保实验室工艺设计和厨房工艺设计相关工作	首博：张宇、赵瑞廷、任巍 北投集团：赵雪莲 法铁：侯砚
18	3月3日	杨文英主持召开视频会，听取东馆暖通设计工作汇报，部署信息化建设推进工作	首博：杨文英、张宇、任巍 法铁：侯砚 中建院：汪春华、郑旭航
19	3月4日	北投集团主持召开视频会，专题研究东馆项目建议书估算调整工作	北投集团：冯锐、孙佳伟 首博：杨文英、张宇、任巍 北咨公司：唐晓哲 中建院：郑旭航、王哲宁 法铁：侯砚

序号	时间	工作内容	参会人员
20	3月4日	北投集团主持召开视频会，对东馆建设项目概算调整情况进行研究	北投集团：冯锐 首博：杨文英、张宇、任巍 中建院：郑旭航、王哲宁 法铁：侯砚 北咨公司：唐晓哲
21	3月5日	杨文英主持召开东馆建设视频会，专题研究东馆公共服务区域、展览区域内装要求	首博：杨文英、张宇 法铁：侯砚、孙大亮
22	3月6日	市发改委李方东主持召开三大建筑项目建议书编制工作专题视频会，指导三大建筑项目建议书编制工作	市发改委：李方东 首博：杨文英、张宇、任巍 北投集团：段继锋、孙佳伟、冯锐、张诗祎 北咨公司：唐晓哲 中建院：郑旭航 首图：李冠男、徐冰
23	3月10日	北投集团主持召开三大建筑信息化设计及全要素可研编制情况专题视频会，研究东馆项目、副中心图书馆项目全要素信息化编制工作	北投集团：孙佳伟、程冲 首博：杨文英、张宇、任巍 副中心工程办：徐桂珍 北咨公司：唐晓哲、魏世杰 首图：肖箭、王振澍 中建院：郑旭航、唐艺
24	3月11日	副中心工程办组织召开三大建筑工作会，专题研究三大建筑全要素投资编制工作	副中心工程办：王承军、陈晓峰、徐桂珍、彭建雄、裴杰 市文物局：景旭 首博：张宇 市发改委：石威、焦春生 市财政局：王永怀、孙立宾 国家大剧院：王诚 首图：李冠男 北投集团：高小强、陈宏达、赵雪莲、冯锐、孙佳伟 北咨公司：唐晓哲等
25	3月16日	北投集团主持召开东馆项目初设评审情况汇报视频会，会议邀请建筑、结构、给排水、暖通、电气、经济专业相关专家，对东馆项目初设评审情况进行研讨	北投集团：胡喆、张江华、赵雪莲、孙佳伟 首博：杨文英、张宇、邱春梅、任巍 专家：王晓虹、张徐、胡育红、张野、窦文苹 法铁：杨东方、李正、侯砚、孙大亮 中建院：郑旭航、王哲宁、唐艺、朱琳、汪春华、常立强
26	3月17日	北投集团主持召开东馆建筑设计工作视频会，专题研究东馆文保实验室工艺设计	北投集团：段继锋、赵雪莲 首博：杨文英、赵瑞廷、张宇、邱春梅、任巍、武望婷 戴纳公司：迟海鹏 中建院：常立强、汪春华、朱琳、郑旭航、王哲宁

序号	时间	工作内容	参会人员
27	3月17～18日	北投集团主持召开东馆项目建议书编制视频会，专题研究东馆设计方案和投资估算工作	北投集团：冯锐、赵雪莲 首博：张宇、邱春梅、任巍 中建院：郑旭航、王哲宁 法铁：侯砚 北咨公司：唐晓哲
28	3月20日	北投集团主持召开东馆项目建议书工作会，专题研究东馆装修、结构等部分估算编制工作	北投集团：冯锐、孙佳伟 首博：杨文英、张宇、任巍 北咨公司：唐晓哲 中建院：郑旭航 法铁：侯砚
29	3月20日	东馆建设办组织召开东馆建设工作会，专题研究东馆建设总包招投标阶段相关工作	首博：张宇、邱春梅、任巍 东馆建设总顾问：韩永 首博法律顾问：吕晓晶
30	3月24日	市发改委组织召开三大项目前期审批工作视频会，部署三大项目的项目建议书和可行性研究报告合并申报工作	市发改委：李方东 市文物局：景旭 首博：杨文英、张宇、任巍 北投集团：段继锋、孙佳伟、冯锐 北咨公司：唐晓哲、魏世杰 中建院：郑旭航 国家大剧院：徐奇、李琦 首图：肖箭、李冠男、徐冰
31	3月26日	北投集团主持召开东馆建筑设计工作视频会，专题研究东馆文保实验室工艺设计	北投集团：赵雪莲、张诗祎、李静平 首博：赵瑞廷、张宇、武望婷、任巍、张㫬 创美公司：王小云、闫立 中建院：郑旭航、王哲宁
32	3月26日	北投集团组织召开东馆建设视频会，专题研究项目建议书（代可研报告）编制工作	北投集团：冯锐、王蕾、付凌昊 市文物局：景旭 首博：杨文英、张宇、邱春梅、任巍 北咨公司：唐晓哲、付云波、魏世杰 中建院：郑旭航、王哲宁
33	3月27日	东馆建设办主持召开东馆建设视频会，专题研究建筑应急电源及UPS电源设计工作	首博：杨文英、张宇、邱春梅、高新峰、曹洋、任巍、张㫬 中建院：肖彦、唐艺 法铁：侯砚
34	3月30日	杨文英主持召开东馆信息化建设专题视频会，研究东馆信息化设计工作安排	首博：杨文英、张宇、邱春梅、任巍 北咨公司：魏世杰、李昂、付云波 中建院：唐艺 法铁：侯砚

序号	时间	工作内容	参会人员
35	3月31日	北投集团主持召开东馆建筑设计工作视频会，听取东馆文保实验室工艺设计工作进展汇报	北投集团：张大伟、李静平、张诗祎 首博：杨文英、赵瑞廷、张宇、武望婷、任巍、张哿 戴纳公司：王伟锋 创美公司：王小云、闫立 中建院：徐松月、王哲宁 法铁：侯砚
36	3月31日	北投集团主持召开东馆建筑设计工作视频会，专题研究暖通设计相关工作	北投集团：张大伟、李静平、张诗祎 首博：杨文英、赵瑞廷、张宇、武望婷、任巍、张哿 中建院：汪春华、徐松月、王哲宁 法铁：侯砚
37	4月1日	杨文英主持召开东馆建设工作视频会，专题研究东馆建设总包阶段相关工作	首博：杨文英、张宇、邱春梅、任巍 东馆建设总顾问：韩永 首博法律顾问：吕晓晶
38	4月1日	东馆建设办主持召开东馆设计工作视频会，专题研究东馆主楼地下一层功能布局	首博：张宇、邱春梅、任巍、张哿 法铁：侯砚、孙大亮
39	4月2日	东馆建设办主持召开东馆建设视频会，进一步梳理和明确总包阶段相关工作	首博：张宇、邱春梅、任巍、张哿 北投集团：孙佳伟、安思璇、程冲 北咨公司：唐晓哲
40	4月7日	杨文英主持召开东馆建设视频会，就东馆主楼地下一层功能布局调整听取汇报并研讨	首博：杨文英、张宇、邱春梅、任巍 中建院：郑旭航、王哲宁 法铁：侯砚、杨东方
41	4月8日	白杰主持召开东馆建设调度会，听取东馆建设办一季度工作汇报，就二季度展览体系与展陈空间布局等研究论证工作进行调度	白杰、张宇、冯好
42	4月9日	东馆建设办主持召开东馆设计视频会，专题研究东馆主楼地下一层功能布局有关问题	首博：张宇、高新峰、张淼、冯好、索经令、张哿 中建院：郑旭航、王哲宁
43	4月10日	市文物局局长陈名杰与北投集团党委书记、董事长李长利进行座谈，就东馆建设、大葆台改扩建代建工作等合作项目深入交换意见	市文物局：陈名杰、王翠杰、郭京宁、金锡彬、郭力展 首博：张宇 北投集团：李长利、高小强、陈宏达、谈长朋、郅慧 市文物局考古处、基建办，大葆台西汉墓博物馆
44	4月13日	杨文英主持召开东馆建设工作视频会，专题研究东馆信息化设计工作	首博：杨文英、张宇、邱春梅、孙芮英、李陶、赵彩霞、林新宇、王晓梅、武望婷、任巍、张哿、胡紫豪、魏鹏宇 北咨公司：魏世杰、杜大鹏、付云波 中建院：唐艺
45	4月13日	杨文英主持召开东馆建设工作视频会，专题研究东馆主楼地下一层功能布局调整方案	杨文英、张宇、邱春梅、冯好、吴明、李丹丹、张淼、高新峰、李子祥、于妍、武望婷、任巍、张哿、胡紫豪、魏鹏宇

序号	时间	工作内容	参会人员
46	4月13日	杨文英主持召开东馆建设工作视频会，专题研究东馆信息化设计工作	首博：杨文英、张宇、邱春梅、吴明、张杰、武望婷、任巍、张哿、胡紫豪、魏鹏宇、孙芮英、李陶、赵彩霞、林新宇 北咨公司：魏世杰、杜大鹏、付云波 中建院：唐艺
47	4月14日	东馆建设办主持召开工作会，专题研究东馆智慧博物馆设计	首博：张宇、邱春梅、任巍 北咨公司：魏世杰、杜大鹏、付云波 中建院：唐艺
48	4月14日	杨文英赴市纪委、市监委驻市文物局纪检监察组，请相关领导对东馆建设项目廉政风险管控工作进行专题指导	市文物局：王中举、李燕 首博：杨文英、张宇
49	4月16日	北投集团主持召开东馆建设专题视频会，专题研究东馆项目建议书（代可研报告）编制工作	北投集团：冯锐、赵雪莲、张诗祎、付凌昊 首博：杨文英、张宇、邱春梅、武望婷、任巍、张哿、魏鹏宇 北咨公司：唐晓哲 中建院：郑旭航、李正、陈欣 法铁：侯砚
50	4月16日	东馆建设办主持召开东馆建设专题视频会，专题研究东馆文物摄影室、氮气文物库房建设工作	首博：张宇、邱春梅、孙芮英、赵瑞廷、梁刚、罗征、武望婷、任巍、张哿 法铁：侯砚 北咨公司：唐晓哲
51	4月20日	北投集团主持召开东馆建设工作视频会，专题研究文保实验室设计、主楼地下一层功能调整及机电设备相关工作	北投集团：张江华、孙佳伟、李静平、安思璇 首博：杨文英、张宇、邱春梅、赵瑞廷、武望婷、任巍、张哿、魏鹏宇 中建院：郑旭航、王哲宁、王蒙 北咨公司：李红珊、师静、宋路、王晓琴、郭建英 戴纳公司：王伟锋等
52	4月21日	北京市委宣传部副部长王杰群到东馆建设工地调研督导，听取东馆建设情况汇报，并部署下一阶段建设工作	市委宣传部：王杰群 市文物局：陈名杰 首博：白杰、龙霄飞、张宇、杜侃 北投集团：李长利、陈宏达
53	4月21日	北京市纪委、市监委一室副主任翟军带队到东馆建设工地现场检查施工单位防疫落实情况，听取北投集团和北京城建集团有限责任公司（简称"北京城建集团"）项目负责人关于防疫措施落实情况的汇报，提出工作要求	市纪委、市监委：翟军 市文物局：滕修展 首博：白杰、张宇、张靓 北投集团：沙钢、何万利 北京城建集团：贾成亮
54	4月21日	白杰在东馆建设工地会议室主持召开三方工作团队现场调度会，就落实市委宣传部、市纪委、市监委和市文物局党组工作要求，做好疫情防控、确保质量进度提出明确要求	首博：白杰、张宇、张靓 北投集团：沙钢 北京城建集团：何万利、贾成亮
55	4月22日	白杰主持召开首博本馆与东馆展陈体系专家论证会	首博：白杰、冯好、俞嘉馨、黄小钰、邵欣欣、王新迎、赵立波 专家：郭小凌、李建平、崔学谙、韩永、杜鹏飞、李学军

序号	时间	工作内容	参会人员
56	4 月 22 日	北投集团主持召开东馆建设工作视频会，专题研究主楼地下一层功能布局调整	北投集团：段继锋、孙佳伟、赵雪莲 首博：杨文英、张宇、邱春梅、赵瑞廷、武望婷、任巍、胡紫豪 中建院：郑旭航、王哲宁 法铁：侯砚等
57	4 月 23 日	杨文英主持召开东馆建设工作视频会，专题研究文保实验室仪器设备选型和藏品氮气库房设计工作	杨文英、龙霄飞、张宇、赵瑞廷、冯好、武望婷、邱春梅、任巍、魏鹏宇、张哿
58	4 月 23 日	杨文英主持召开东馆建设工作视频会，专题研究东馆暖通设计工作	首博：杨文英、张宇、邱春梅、任巍、魏鹏宇 北投集团：赵雪莲、张大伟、张诗祎、李静平、程冲 中建院：汪春华
59	4 月 24 日	杨文英主持召开东馆建设工作视频会，听取氮气库房相关设备设施及投资情况汇报	首博：杨文英、张宇、邱春梅、武望婷、任巍、张哿 北咨公司：唐晓哲 法铁：侯砚
60	4 月 24 日	副馆长黄雪寅主持召开首博本馆与东馆展陈体系专家论证视频会	首博：黄雪寅、冯好、俞嘉馨、黄小钰、邵欣欣、王新迎、赵立波 专家：安来顺、张宝秀、黄春雨、魏峻
61	4 月 26 日	北投集团组织召开东馆建设工作视频会，专题研讨主楼地下功能布局调整设计工作	北投集团：孙佳伟、张江华、赵雪莲、安思璇、程冲 首博：张宇、邱春梅、任巍、魏鹏宇、张哿 副中心工程办：裴杰 中建院：郑旭航、王哲宁
62	4 月 30 日	杨文英主持召开东馆建设工作视频会，专题研究东馆暖通设计工作	首博：杨文英、张宇、邱春梅、任巍、魏鹏宇 北投集团：赵雪莲、张大伟、李静平 中建院：汪春华、郑旭航
63	5 月 6 日	北投集团主持召开东馆文保实验室工艺设计单位比选视频会，对四家具有实验室工艺设计资质的公司进行比选，确定东馆设计单位的专业设计咨询单位	北投集团：赵雪莲、孙佳伟、张大伟、程冲 首博：杨文英、张宇、邱春梅、赵瑞廷、武望婷、任巍、张哿、胡紫豪 副中心工程办：王振澍 中建院：郑旭航、王哲宁
64	5 月 6 日	北投集团主持召开东馆建设工作视频会，专题研究东馆主楼地下一层空腔部分利用问题	北投集团：孙佳伟、赵雪莲、张大伟、李静平、程冲 首博：杨文英、张宇、邱春梅、武望婷、任巍、张哿、胡紫豪 副中心工程办：王振澍 中建院：郑旭航、王哲宁
65	5 月 7 日	北投集团召开三大建筑及共享设施建设专题视频会，专题研究三大建筑及共享设施地基基础设计相关工作	北投集团：陈宏达、段继锋、孙佳伟 首博：杨文英、张宇、邱春梅、任巍、胡紫豪 副中心工程办：王德顺、王振澍 首图：肖箭、徐冰 国家大剧院：张国芳 中建院：张翼南、郑旭航、王哲宁、李森等

序号	时间	工作内容	参会人员
66	5月8日	东馆建设办主持召开东馆建设工作视频会，专题研究东馆项目建议书（代可研报告）编制工作	首博：张宇、邱春梅、曹洋、孙芮英、张淼、于妍、杨洋、武望婷、张哿、魏鹏宇 副中心工程办：徐桂珍、王振澍 北投集团：冯锐、张大伟、李静平 北咨公司：唐晓哲、魏世杰 中建院：郑旭航、王哲宁、汪春华、唐艺、李正、常立强 法铁：侯砚
67	5月12日	北京市园林绿化局主持召开"城市绿心起步区三大公共建筑和共享配套设施项目景观绿化方案评审会"，会议邀请五位专家对城市绿心起步区三大公共建筑和共享配套设施项目景观绿化方案进行评审	北京市园林绿化局：刘明星 首博：邱春梅、任巍 北京市规划和自然资源委员会（简称"市规自委"）：孙玉晶 专家：朱志红、端木岐、彭军、吕璐珊、刘辉 北投集团：李景祥、孙佳伟、李静平 首图：李冠男 中建院绿心景观绿化设计团队
68	5月13日	副中心工程办王承军主持召开调度会，对三大建筑及共享配套项目建议书（代可研报告）编制工作进行研究	副中心工程办：王承军、徐桂珍、裴杰、徐新锋 首博：张宇、邱春梅 市规自委：李云鹏 北京市住房和城乡建设委员会（简称"市住建委"）：李国中 市文旅局：张鹏、关凯 国家大剧院：李志祥、许明 北投集团：兰慧宾、陈宏达、张国迎、沙钢、段继锋、冯锐 中建院：郑旭航、李森 首图：李冠男、徐冰等
69	5月14日	陈名杰主持召开局长专题会，专题研究首博本馆与东馆展陈定位，会议邀请5位专家出席并针对展陈定位提出意见和建议	市文物局：陈名杰、王翠杰、白杰、李学军 首博：杨文英、张宇、冯好 专家：刘超英、祁庆国、吕成龙、王永红、郭京宁
70	5月26日	杨文英主持召开东馆建设工作会，就东馆项目建议书（代可研报告）中投资估算优化进行研究	首博：杨文英、张宇、邱春梅、任巍 副中心工程办：王振澍、胡紫豪 北投集团：段继锋、冯锐、孙佳伟 北咨公司：颜立君、宋萌、唐晓哲 中建院：王哲宁、郑旭航 法铁：侯砚
71	5月26日	北投集团主持召开专题视频会，就三大建筑及共享配套设施地基基础设计相关工作进行论证	北投集团：陈宏达、孙佳伟、赵梦媛、李静平 首博：杨文英、张宇、任巍、张哿 专家：张晋勋、柳建国、杨素春、马智英、周文成、王国庆 副中心工程办：王振澍、胡紫豪 中建院：任庆英、张翼南 国家大剧院：张国芳 首图：高峰 市文旅局、北京市勘察设计研究院（简称"北勘院"）、土护降施工和监理单位

序号	时间	工作内容	参会人员
72	5月29日	市住建委主持召开视频会，就东馆项目结构超限高层抗震设防进行专项审查	市住建委：慧擎宇 首博：杨文英、张宇、邱春梅、任巍、魏鹏宇、张哿 专家：郭明田、肖从真 副中心工程办：裴杰 北投集团：沙钢、段继锋、张江华、赵雪莲、孙佳伟 中建院：任庆英、郑旭航、王哲宁 法铁：刘康、侯砚 中航院：马伯涛、张曼生 北勘院：刘通
73	6月2日	市发改委赵云龙主持召开城市绿心三大建筑工作调度会，就三大建筑项目建议书（代可研报告）中投资估算优化进行研究	市发改委：赵云龙、焦春生、李方东 首博：杨文英、张宇、任巍 首图：李冠南、徐冰 北投集团：陈宏达、崔岩、段继锋、赵雪莲、冯锐、孙佳伟 北咨公司：宋萌、唐晓哲 中建院：郑旭航 法铁：侯砚 市文旅局、国家大剧院 北勘院等相关单位
74	6月3日	北投集团陈宏达主持召开专题工作会，就东馆项目建议书（代可研报告）中投资估算优化进行研究	北投集团：陈宏达、段继锋、孙佳伟、冯锐 首博：杨文英、张宇、任巍 副中心工程办：王振澍、胡紫豪 北咨公司：宋萌、唐晓哲 中建院：郑旭航
75	6月5日	杨文英主持会议，研究东馆文保实验室工艺设计、防工业振动专项设计、无障碍设计和暖通空调设计问题	首博：杨文英、张宇、邱春梅、武望婷、任巍、魏鹏宇 北投集团：赵雪莲、张大伟、李静平 副中心工程办：胡紫豪 中建院：郑旭航、王哲宁 中航院：张曼生 戴纳公司：王伟锋、韩鑫
76	6月6日	北投集团主持召开会议，就城市绿心图书馆、东馆项目建议书（代可研报告）中投资估算优化进行研究	北投集团：段继锋、孙佳伟、张大伟 首博：杨文英、张宇、邱春梅、任巍 中建院：郑旭航 北咨公司：唐晓哲
77	6月8日	北投集团主持召开城市绿心三大建筑项目建议书（代可研报告）专题会，就投资估算优化进行研究	北投集团：段继锋、冯锐、孙佳伟 首博：杨文英、张宇、邱春梅、任巍 副中心工程办：胡紫豪 首图：肖箭、高峰、徐冰 北咨公司：唐晓哲 市文旅局
78	6月9日	河南省人民政府研究室副巡视员李煊一行6人，就博物馆运行管理和新馆建设来馆调研并开展相关座谈	首博：白杰、韩战明、齐密云、黄雪寅、杨文英、靳非、张宇 河南省人民政府研究室：李煊、刘博、孙杨程 河南省文化和旅游厅：钱锋、郭磊 河南博物院：翟红志

序号	时间	工作内容	参会人员
79	6月10日	杨文英和东馆建设办负责人陪同河南省人民政府研究室副巡视员李煊一行6人考察东馆建设工地	首博：杨文英、张宇 河南省人民政府研究室：李煊、刘博、孙杨程 河南省文化和旅游厅：钱锋、郭磊 河南博物院：翟红志
80	6月17日	北投集团主持召开视频会，就三大建筑及共享设施绿建方案进行研究	北投集团：段继锋、赵雪莲、孙佳伟 首博：杨文英、张宇、邱春梅、武望婷、任巍、魏鹏宇、张劲 副中心工程办：王振澍、胡紫豪 首图：肖箭、徐冰、高峰 中建院：张德银、郑旭航、张翼南等 国家大剧院
81	6月18日	副中心工程办主持召开视频会，就东馆及共享配套设施项目设计工作计划进行研究	副中心工程办：徐桂珍、裴杰 首博：杨文英、张宇、邱春梅、任巍、武望婷、张劲、魏鹏宇 北投集团：陈宏达、孙佳伟、张大伟、赵雪莲 中建院：景泉、马凯、郑旭航、张翼南
82	6月18日	杨文英主持召开东馆建设工作视频会，专题研究东馆主楼地下一层平面功能布局	杨文英、张宇、邱春梅、李子祥、于妍、吴明、索经令、冯好、赵瑞廷、傅萌、张淼、任巍、武望婷、张劲、魏鹏宇
83	6月19日	北投集团主持召开视频会，就东馆卫生设施设计工作进行研究	北投集团：张江华、孙佳伟、李静平、郭雨 首博：杨文英、张宇、高新峰、张淼、邱春梅、任巍、武望婷、张劲、魏鹏宇 副中心工程办：胡紫豪 中建院：郑旭航、王哲宁
84	6月19日	杨文英主持召开东馆建设工作视频会，研究东馆主楼地下一层平面功能布局及文保实验室工艺设计	首博：杨文英、高新峰、李子祥、吴明、索经令、冯好、赵瑞廷、傅萌、张淼、张宇、邱春梅、任巍、武望婷、张劲、魏鹏宇 北投集团：段继锋、赵雪莲、孙佳伟 副中心工程办：王振澍、胡紫豪 中建院：郑旭航、王哲宁 戴纳公司：王伟锋、韩鑫
85	6月22日	杨文英主持召开东馆建设工作视频会，研究文保实验室工艺设计	首博：杨文英、张宇、邱春梅、赵瑞廷、李健、王江、傅萌、何海平、邵芳、闫丽、何秋菊、倪炎、范胜利、胡媛媛、孙海燕、冯艳、陈潇、任巍、武望婷、张劲 戴纳公司：王伟锋、韩鑫
86	6月26日	北投集团主持召开视频会，会议邀请工程、建设综合勘察、建筑、设计等相关专业领域5位专家，就东馆地基土液化处理进行论证	北投集团：陈宏达、孙佳伟、赵雪莲 首博：杨文英、张宇、邱春梅、任巍 副中心工程办：徐桂珍、裴杰、胡紫豪 专家：张建民、武威、高文生、孙宏伟、郭明田 中建院：任庆英、郑旭航、王哲宁 北勘院：刘通、夏锦丽 北京城建集团

序号	时间	工作内容	参会人员
87	6月29日	杨文英主持召开东馆建设工作视频会，专题研究文保实验室工艺设计	杨文英、张宇、邱春梅、赵瑞廷、武望婷、邵芳、孙海燕、何秋菊、倪炎、范胜利、沈涛、陈潇、任巍、张㿟
88	7月2日	市发改委李方东主持召开视频会，会议邀请建筑、结构、水暖、电气、文博、造价咨询专业七位专家，就《首都博物馆东馆项目建议书（代可研报告）》进行评估	市发改委：李方东 市人大代表：李季名 市文物局：景旭 首博：杨文英、张宇、邱春梅、任巍、武望婷、张㿟、魏鹏宇 北京市人大常委会预算工作委员会副主任：刘星 专家：许懋彦、张涛、邓定旺、王素英、程珠、盛永波、高宝东 达华工程管理有限公司（简称"达华公司"）：惠汝强 北投集团：陈宏达、段继锋、冯锐、孙佳伟 中建院：郑旭航、汪春华、王哲宁、唐艺 法铁：侯砚 北咨公司：唐晓哲等
89	7月3日	杨文英主持召开视频会，就《首都博物馆东馆项目建议书（代可研报告）》评估材料补充工作进行研究	首博：杨文英、张宇、邱春梅、武望婷、魏鹏宇 北投集团：冯锐 北咨公司：唐晓哲 中建院：郑旭航
90	7月6日	北投集团陈宏达主持召开视频会，就城市绿心三大公共建筑开办费、运营费编制工作进行研究	北投集团：陈宏达、孙佳伟 首博：杨文英、张宇、邱春梅、任巍、武望婷、张㿟、魏鹏宇 副中心工程办：徐桂珍、王振澍、胡紫豪 首图：李冠男、徐冰 北京北投智慧城市科技有限公司（简称"北投智慧"）：平晓林 国家大剧院
91	7月14日	北投集团主持召开视频会，会议邀请五位专家，就城市副中心绿心起步区三大公共建筑振（震）动影响评估咨询项目进行评审	北投集团：赵雪莲、张江华、安思璇 首博：邱春梅、任巍 副中心工程办：张俊伟 专家：杨维国、纪金豹、姜峰、甄伟、邬玉斌 中航院：葛家琪、马伯涛、张曼生 中建院：郑旭航 首图：徐冰、高峰 北京市基础设施投资有限公司（简称"京投公司"）、北京市轨道交通建设管理有限公司等相关单位
92	7月17日	杨文英主持召开东馆建设工作会，专题研究东馆文保实验室工艺设计	首博：杨文英、张宇、赵瑞廷、武望婷 北投集团：孙佳伟、安思璇 中建院：郑旭航 戴纳公司：王伟锋、韩鑫

序号	时间	工作内容	参会人员
93	7月19日	杨文英主持召开视频会，专题研究东馆项目开办费、运营费及土护降调整事宜	首博：杨文英、张宇、邱春梅、任巍、武望婷、张哿、魏鹏宇 北投集团：段继锋、赵雪莲、冯锐、安思璇 中建院：郑旭航 北咨公司：魏世杰
94	7月21日	杨文英主持召开东馆建设工作会，专题研究并部署东馆开办费编制工作	首博：杨文英、杨丹丹、张宇、邱春梅、赵瑞廷、孙芮英、吴明、冯好、曹洋、李蕾、刘伟男、高新峰、李丹丹、齐佳、陈莲、何辉、齐峰、任巍、张哿、魏鹏宇 市文物局：景旭 副中心工程办：胡紫豪 北投集团：张大伟、程冲、李静平 中建院：郑旭航 法铁：侯砚 北咨公司：唐晓哲、魏世杰
95	7月21日	杨文英主持召开视频会，会议邀请5位文保界专家，就东馆文保功能区设备设施配置进行论证	首博：杨文英、龙霄飞、张宇、邱春梅、武望婷、赵瑞廷、傅萌、沈涛、范胜利、闫丽、何秋菊、邵芳、孙海燕、倪炎、李浃、陈潇、张雪鸽、任巍、张哿、魏鹏宇 专家：王武钰、铁付德、雷勇、杨军昌、熊樱菲
96	7月22日	东馆建设办主持召开东馆文保设备选型专题会，邀请文保专业技术公司来馆分享文保设备选型相关经验	首博：龙霄飞、赵瑞廷、张宇、武望婷、任巍 北京文保技术公司：邵长静 宏瑞文博公司：龙椿艳
97	7月22日	东馆建设办主持召开视频会，就东馆深化设计相关问题进行研究	首博：张宇、邱春梅、冯好、吴明、李丹丹、索经令、任巍、张哿、魏鹏宇 北投集团：孙佳伟、张大伟、安思璇 中建院：郑旭航、王哲宁、汪春华、吕奕玮
98	7月23日	杨文英主持召开东馆建设工作会，专题研究东馆文保功能区展示工作	首博：杨文英、张宇、邱春梅、赵瑞廷、武望婷、任巍、张哿、魏鹏宇 北投集团：张大伟、安思璇 中建院：郑旭航 法铁：侯砚 戴纳公司：韩鑫 中国联合网络通信集团有限公司（简称"中国联通"）：张伟强
99	7月24日	杨文英和东馆建设办相关负责人前往市文物局计财处，专题咨询东馆开办费有关财政支出事宜	市文物局：董青祥、张玲 首博：杨文英、张宇
100	7月25日	杨文英主持召开视频会，会议邀请相关技术人员分享文保设备选型有关经验	首博：杨文英、龙霄飞、赵瑞廷、张宇、武望婷、任巍、张哿、魏鹏宇 岛津企业管理（中国）有限公司：吴劲松、姚建国、金慧玥 郑州枫华实业股份有限公司：马笑然 乾明基因：王孝远 宏瑞文博公司：龙椿艳、良辰 北京文保技术公司：陈敬民

序号	时间	工作内容	参会人员
101	7月28日	东馆建设办主持召开视频会，专题研究东馆展厅声学设计	首博：张宇、邱春梅、李丹丹、武望婷、张哿、魏鹏宇 北投集团：孙佳伟 中建院：郑旭航
102	7月29日	东馆建设办主持召开视频会，专题研究东馆文保功能区展示工作	首博：张宇、邱春梅、武望婷、赵瑞廷、范胜利、邵芳、沈涛、孙海燕、何秋菊、陈潇、倪炎、任巍、张哿、魏鹏宇 中国联通：张伟强、张秋杰
103	7月30日	杨文英主持召开东馆建设工作会，专题研究东馆室内装饰及消防设计工作	首博：杨文英、张宇、曹洋、武望婷、任巍、张哿、魏鹏宇 北投集团：张大伟、李静平 中建院：景泉、郑旭航 法铁：孙大亮、侯砚
104	8月5日	市发改委主持召开工作调度会，就副中心三大建筑项目建议书（代可研报告）评估工作进行研究	市发改委：焦春生、刘存良、李方东 市文物局：景旭 首博：杨文英、张宇、任巍 首图：李冠南、徐冰 北投集团：陈宏达、段继锋、冯锐、赵雪莲 国家大剧院、三大建筑项目建议书（代可研报告）评估单位等
105	8月7日	杨文英主持召开东馆建设工作会，专题研究项目建议书（代可研报告）评估材料补充说明工作	首博：杨文英、张宇、武望婷、任巍、张哿、魏鹏宇 北投集团：陈宏达、段继锋、孙佳伟、冯锐 达华公司：惠汝强 中建院：郑旭航 法铁：侯砚 北咨公司：唐晓哲
106	8月11日	北投集团主持召开视频会，就三大建筑项目建议书（代可研报告）评估材料补充说明工作进行研究	北投集团：段继锋、赵雪莲、冯锐、孙佳伟 副中心工程办：徐桂珍、胡紫豪 首博：张宇、邱春梅、任巍、张哿、魏鹏宇 北投智慧：马广龙 市文旅局：关凯 首图：肖箭、徐冰、高峰、王萌 中建院：郑旭航 北咨公司：唐晓哲等 国家大剧院
107	8月11日	北投集团主持召开视频会，就东馆项目建议书（代可研报告）评估材料补充说明工作进行研究	北投集团：段继锋、冯锐、孙佳伟 首博：张宇、邱春梅、任巍、张哿、魏鹏宇 副中心工程办：胡紫豪 中建院：郑旭航、李正 北咨公司：唐晓哲
108	8月12日	东馆建设办主持召开视频会，就东馆消防及氮气库房设计进行研究	首博：张宇、邱春梅、孙芮英、冯好、王显国、曹洋、王江、于妍、李健、梁刚、罗征、武望婷、任巍、张哿、魏鹏宇 北投集团：张大伟、李静平、安思璇、张诗祎 中建院：吴南伟、吕奕玮、王哲宁、朱琳

序号	时间	工作内容	参会人员
109	8月18日	北投集团主持召开视频会，就东馆项目建议书（代可研报告）评估材料补充说明工作进行研究	北投集团：段继锋、孙佳伟、冯锐 首博：张宇、任巍、张䶮 达华公司：惠汝强、和爽 中建院：郑旭航、汪春华、常立强 法铁：王月 北咨公司：唐晓哲
110	8月18日	市规自委主持召开东馆特殊消防设计专家评审会，就东馆特殊消防设计方案进行评审	市规自委：李涛、孙玉晶 首博：张宇、邱春梅、曹洋 副中心工程办、北投集团、中建院、中国建筑科学研究院有限公司建筑防火研究所等相关单位
111	8月19日	北投集团主持召开工作会，就三大建筑BIM设计相关工作进行研究	北投集团：苏杰、卢峰、张江华、张大伟、巩玉静 首博：杨文英、张宇、邱春梅、武望婷、张䶮、魏鹏宇 副中心工程办：徐桂珍、裴杰 国家大剧院：李志祥、许明、徐奇、张国芳、郭巍、刘振宇 首图：徐冰、谢鹏、宋治国、贾铮、肖箭
112	8月20日	杨文英主持召开视频会，就东馆消防设计进行研究	首博：杨文英、张宇、邱春梅、赵瑞廷、李健、王江、武望婷、任巍、张䶮、魏鹏宇 北投集团：李静平、张大伟 中建院：郑旭航、朱琳、常立强
113	8月21日	北投集团主持召开视频会，就三大建筑幕墙设计方案进行研究	北投集团：孙佳伟、李静平、安思璇、吕奕玮 首博：杨文英、张宇、邱春梅、任巍、张䶮 副中心工程办：胡紫豪 中建院：任庆英、郑旭航、王哲宁 首图：徐冰、肖箭 国家大剧院、三大建筑幕墙咨询单位等
114	8月21日	北投集团主持召开视频会，就三大建筑项目建议书（代可研报告）评估材料补充说明工作进行研究	北投集团：孙佳伟、冯锐 首博：杨文英、张宇、任巍、张䶮 副中心工程办：胡紫豪 北投智慧：马广龙 首图：徐冰 北咨公司：唐晓哲 中建院：郑旭航、李静威、汪春华、常立强 法铁：吕婧超等
115	8月28日	杨文英主持召开东馆建设工作会，专题研究东馆文保功能区展示工作	首博：杨文英、黄雪寅、杨丹丹、张宇、邱春梅、武望婷、任巍、张䶮、魏鹏宇 副中心工程办：胡紫豪 北投集团：段继锋、赵雪莲、张大伟 中国联通：陈莉、张伟强 中建院：郑旭航 法铁：孙大亮 北咨公司：魏世杰

序号	时间	工作内容	参会人员
116	8月28日	杨文英主持召开东馆建设工作会，就东馆设计图反馈意见、室内装饰设计进行研究	首博：杨文英、张宇、邱春梅、李丹丹、孙芮英、李陶、杨洋、索经令、张淼、李子祥、于妍、刘伟男、武望婷、任巍、张弩、魏鹏宇 副中心工程办：胡紫豪 北投集团：段继锋、赵雪莲、张大伟、李静平、安思璇 中建院：郑旭航 法铁：孙大亮
117	8月31日	杨文英主持召开视频会，专题研究东馆贵宾厅平面设计工作	首博：杨文英、张宇、邱春梅、武望婷、任巍、张弩、魏鹏宇 副中心工程办：胡紫豪 北投集团：张江华、孙佳伟、张诗祎、安思璇 中建院：任庆英、郑旭航 法铁：吕婧超
118	9月2日	市发改委主持召开工作调度会，就城市副中心三大建筑项目建议书（代可研报告）评估工作进行研究	市发改委：李素芳 市文物局：景旭 首博：杨文英、张宇、任巍 首图：李冠男、徐冰 北投集团：陈宏达、李景祥、段继锋、赵雪莲、冯锐、孙佳伟 中建院：景泉、郑旭航 达华公司：惠汝强 市文旅局、国家大剧院、三大建筑项目建议书（代可研报告）评估单位等
119	9月5日	东馆建设办主持召开东馆文保中心消防设施设计工作视频会，专题研究文保中心气体灭火气瓶间、排风机房布置方案	首博：张宇、邱春梅、赵瑞廷、武望婷、任巍、张弩、魏鹏宇 北投集团：安思璇、李静平 中建院：郑旭航、王哲宁
120	9月7日	杨文英主持召开视频会，专题研究东馆国事接待厅平面设计工作	首博：杨文英、张宇、邱春梅、武望婷、任巍、张弩、魏鹏宇 副中心工程办：胡紫豪 北投集团：张大伟、张江华、安思璇 中建院：郑旭航、王哲宁 法铁：孙大亮、吕婧超
121	9月9日	杨文英主持召开东馆建设工作会，邀请中央戏剧学院两位教授就东馆报告厅、放映厅、多功能厅室内功能设计进行指导	首博：杨文英、张宇、武望婷、任巍、张弩、魏鹏宇 副中心工程办：胡紫豪 中央戏剧学院：张庆山、刘峰 北投集团：张江华、安思璇 中建院：郑旭航 法铁：孙大亮

序号	时间	工作内容	参会人员
122	9月11日	杨文英主持召开东馆建设工作会，专题研究东馆室内装饰设计方案	首博：杨文英、杨丹丹、张宇、邱春梅、孙芮英、杨洋、刘平、武望婷、任巍、张哿、魏鹏宇 副中心工程办：胡紫豪 北投集团：段继锋、张大伟、李静平、安思璇 中建院：郑旭航、王哲宁 法铁：孙大亮
123	9月11日	东馆建设办主持召开工作会，专题研究东馆文保区域工艺设计	首博：张宇、邱春梅、武望婷 戴纳公司：韩鑫
124	9月15日	副中心工程办陈晓峰主持召开城市绿心三大建筑调度会，就三大建筑开办费、运营费申报工作进行研究	副中心工程办：陈晓峰、徐桂珍 市文物局：景旭 首博：杨文英、张宇、任巍 北投集团：陈宏达、段继锋、孙佳伟、冯锐 市财政局、市文旅局、国家大剧院、首图
125	9月15日	东馆建设办主持召开视频会，就东馆国事接待厅平面设计、东馆设计图纸修改意见进行研究	首博：张宇、邱春梅、任巍、张哿、魏鹏宇 副中心工程办：胡紫豪 北投集团：张江华、孙佳伟、安思璇、张诗祎、张大伟 中建院：郑旭航、王哲宁 法铁：孙大亮
126	9月18日	杨文英主持召开东馆建设工作会，专题研究东馆运营费、开办费优化工作	杨文英、张宇、邱春梅、吴明、刘璐璐、武望婷、任巍、张哿、魏鹏宇
127	9月18日	市财政局主持召开工作调度会，就东馆运营费、开办费优化工作进行研究	市财政局：杨豪 市文物局：景旭、方芳 首博：杨文英、张宇、邱春梅、刘璐璐、武望婷、任巍
128	9月24日	北京城市副中心管委会发展改革局姚伟龙主持召开工作调度会，就三大建筑信息化工程建设相关工作进行研究	北京城市副中心管委会发展改革局：姚伟龙 首博：杨文英、任巍 首图：李冠男、徐冰 北投集团：陈宏达、段继锋、孙佳伟、冯锐 北投智慧：马广龙 市文旅局、国家大剧院
129	9月25日	杨文英主持召开视频会，就东馆多功能厅及学习体验中心优化设计进行研究	首博：杨文英、张宇、邱春梅、武望婷、任巍、张哿、魏鹏宇 副中心工程办：徐桂珍、裴杰、胡紫豪 北投集团：张江华、孙佳伟、安思璇、张诗祎、张大伟、 中建院：郑旭航、吕奕玮 法铁：孙大亮、吕婧超
130	9月25日	东馆建设办主持召开工作会，就东馆信息化建设相关工作进行研究	首博：张宇、邱春梅、任巍、武望婷、张哿、魏鹏宇 北咨公司：魏世杰

序号	时间	工作内容	参会人员
131	9月25日	杨文英主持召开东馆建设工作会，就东馆展陈经费估算进行研究	杨文英、张宇、邱春梅、冯好、韩进、钟梅、任巍、魏鹏宇
132	9月27日	杨文英主持召开视频会，就东馆多功能厅和学习体验中心优化设计进行研究	首博：杨文英、邱春梅、武望婷、任巍、张哿、魏鹏宇 副中心工程办：徐桂珍、胡紫豪 中建院：郑旭航、王哲宁、吕奕玮 法铁：孙大亮、吕婧超 北投集团：安思璇、张诗祎
133	10月9日	东馆建设办主持召开工作会，就东馆工程施工阶段授权委托工作进行研究	首博：张宇、邱春梅、武望婷、任巍、张哿、魏鹏宇 东馆建设总顾问：韩永 首博法律顾问：吕晓晶
134	10月10日	北投集团主持召开东馆专题会，加拿大木业协会相关负责人来馆就东馆建筑木结构材料捐赠事宜进行洽商	北投集团：段继锋 首博：杨文英、张宇、邱春梅、刘梅、武望婷、任巍、张哿、魏鹏宇 中国现代木结构建筑技术产业联盟秘书长、加拿大木业协会市场总监：毛林海
135	10月10日	杨文英主持召开东馆建设工作会，就东馆室内装饰设计及信息化设计进行研究	首博：杨文英、张宇、邱春梅、李陶、武望婷、任巍、张哿、魏鹏宇 北投集团：孙佳伟、赵雪莲、张江华、安思璇 北投智慧：马广龙 中建院：唐艺 法铁：孙大亮、吕婧超 北咨公司：魏世杰
136	10月12日	杨文英主持召开东馆建设工作会，就东馆平面设计优化及暖通设计进行研究	首博：杨文英、张宇、邱春梅、俞嘉馨、武望婷、任巍、张哿、魏鹏宇 副中心工程办：胡紫豪 北投集团：孙佳伟、赵雪莲、张江华、张大伟、安思璇 中建院：郑旭航、王哲宁、汪春华 法铁：吕婧超
137	10月13日	北投集团主持召开评审会，就东馆装配式建筑项目实施技术方案进行评审	北投集团：段继峰、孙佳伟、安思璇 首博：邱春梅 副中心工程办：胡紫豪 中建院：任庆英、郑旭航
138	10月13日	东馆建设办主持召开东馆专题会，邀请专业技术公司来馆分享建筑智能化运维经验	首博：张宇、邱春梅、武望婷、任巍、张哿、魏鹏宇 霍尼韦尔国际公司：韩纯青
139	10月14日	白杰主持召开东馆建设工作调度会，听取东馆平面设计优化工作情况汇报，并对下阶段相关工作进行部署	首博：白杰、韩战明、杨文英、张宇、张哿 中建院：郑旭航 法铁：孙大亮

序号	时间	工作内容	参会人员
140	10月15日	东馆建设办主持召开东馆专题会，相关专业公司人员来馆分享LED屏幕在公共文化建筑中的应用实例，为东馆建设提供借鉴	首博：张宇、武望婷、任巍 中建院：唐艺 深圳市洲明科技股份有限公司：孙良军
141	10月20日	东馆建设办主持召开工作会，就东馆信息化项目建议书编制相关工作进行研究	首博：孙芮英、张宇、邱春梅、武望婷、任巍、张哿、魏鹏宇 副中心工程办：胡紫豪 北投集团：赵雪莲、冯锐、安思璇、赵梦媛 北投智慧：马广龙 北咨公司：魏世杰 中建院：郑旭航
142	10月20日	杨文英主持召开东馆建设工作会，就东馆平面设计优化工作及初步设计概算相关工作进行研究	首博：杨文英、张宇、邱春梅、武望婷、任巍、张哿、魏鹏宇 副中心工程办：胡紫豪 北投集团：赵雪莲、安思璇 中建院：郑旭航
143	10月21日	北投集团陈宏达主持召开视频会，就三大建筑初步设计概算进行研究	北投集团：陈宏达、段继锋、冯锐 首博：张宇、邱春梅、武望婷、任巍、张哿、魏鹏宇 副中心工程办：胡紫豪 市文旅局：关凯 中建院：陆柳等
144	10月21日	东馆建设办主持召开东馆专题会，邀请北京史专家、民俗专家来馆讲解北京历史及民俗文化，为东馆内部装饰方案提供借鉴	首博：张宇、邱春梅、武望婷、任巍、张哿、魏鹏宇 专家：朱祖希、袁家方 法铁：孙大亮 中建院：郑旭航 北投集团：张诗祎
145	10月22日	杨文英主持召开东馆建设工作会，就东馆大型设备CT铅房相关工作进行研究	首博：杨文英、龙霄飞、张宇、赵瑞廷、邱春梅、武望婷 副中心工程办：胡紫豪 北投集团：段继锋 中建院：王哲宁 依科视朗公司
146	10月23日	市财政局杨豪主持召开专家论证会，就东馆开办费、运维费投资测算情况进行论证	市财政局：杨豪 市文物局：景旭 首博：杨文英、齐密云、张宇、吴明、韩进、张雪梅、高新峰、张森、孙芮英、冯好、赵瑞廷、邱春梅、武望婷、任巍、张哿、魏鹏宇
147	10月23日	东馆建设办主持召开工作会，就东馆室内装饰设计进行研究	首博：张宇、邱春梅、任巍、张哿、魏鹏宇 法铁：孙大亮 北投集团：张诗祎、安思璇
148	10月26日	东馆建设办主持召开东馆信息化建设工作会，专题研究、细化东馆信息化功能需求	首博：张宇、孙芮英、李陶、王晓梅、赵彩霞、张哿 北咨公司：魏世杰

序号	时间	工作内容	参会人员
149	10 月 27 日	市发改委主持召开调度会，就东馆固定资产投资计划执行情况进行督导检查	市发改委：焦春生 市文物局：景旭 首博：张宇、邱春梅 北投集团：冯锐
150	10 月 28 日	杨文英主持召开东馆建设工作会，就东馆电梯工程招标相关工作进行研究	杨文英、黄雪寅、张宇、邱春梅、冯好、李子祥、王银超、张淼、任巍、魏鹏宇
151	10 月 28 日	东馆建设办主持召开东馆信息化建设工作会，就东馆信息化需求细化过程中出现的问题进行专题研究	首博：张宇、孙芮英、邱春梅、武望婷 中建院：唐艺 北咨公司：魏世杰
152	10 月 29 日	杨文英主持召开东馆建设工作会，就东馆建设工程施工阶段相关工作进行研究	首博：杨文英、张宇、邱春梅、武望婷、任巍、魏鹏宇 东馆建设总顾问：韩永 首博法律顾问：吕晓晶
153	11 月 2 日	杨文英主持召开工作会，专题研究 2021 年度东馆展陈设计相关预算申报工作	杨文英、张宇、吴明、韩进、张雪梅
154	11 月 2 日	韩战明主持召开工作会，协调 2021 年度东馆展陈设计相关预算申报工作	韩战明、杨文英、张宇、吴明
155	11 月 5 日	市发改委主持召开 2021 年度北京市重点工程计划联审会，审核东馆 2021 年度工程计划	市发改委：焦春生 市文物局：景旭 首博：邱春梅、任巍 北投集团：程冲、赵梦媛
156	11 月 6 日	东馆建设办主持召开专题会，与财务部、藏品部就 2021 年度东馆展陈设计相关预算申报工作进行研究	张宇、吴明、韩进、刘璐璐、冯好
157	11 月 6 日	杨文英主持召开东馆建设工作会，专题研究东馆室内装饰设计	首博：杨文英、张宇、邱春梅、魏三钢、武望婷、任巍、张哿、魏鹏宇 北投集团：赵雪莲、安思璇、张诗祎 中建院：郑旭航 法铁：孙大亮、吕婧超
158	11 月 9 日	东馆建设办主持召开东馆专题会，莱茵电梯公司负责人来馆分享电梯设备在博物馆运营中的应用及技术要求，为东馆建设提供借鉴	首博：张宇、邱春梅、任巍 莱茵电梯公司：郑刚
159	11 月 10 日	杨文英主持召开东馆建设工作会，专题研究东馆室内装饰设计	首博：杨文英、张宇、邱春梅、李丹丹、陈思、张杰、李赫、李光远、高叶环、任巍、魏鹏宇、张哿 北投集团：程冲、张诗祎 中建院：郑旭航 法铁：孙大亮、吕婧超
160	11 月 11 日	杨文英主持召开东馆建设工作会，就东馆建设工程施工阶段相关工作进行研究	首博：杨文英、张宇、邱春梅、任巍、张哿、魏鹏宇 东馆建设总顾问：韩永 首博法律顾问：吕晓晶

续表

序号	时间	工作内容	参会人员
161	11月11日	杨文英主持召开东馆建设工作会，就东馆电梯工程相关工作进行研究	首博：杨文英、张宇、邱春梅、王银超、任巍、张哿、魏鹏宇 北投集团：张大伟、赵雪莲、孙佳伟、任凯、辛欣、安思璇 中建院：郑旭航、吕奕玮 北京市京发招标有限公司（简称"京发招标公司"）：李丁、光虹鹰
162	11月12日	东馆建设办主持召开东馆专题会，空调公司专业人员来馆分享空气处理机组相关技术应用，为东馆暖通空调设计提供借鉴	首博：杨文英、张宇、邱春梅、李子祥、于妍、任巍、张哿、魏鹏宇 约克公司：李朋、冯化超
163	11月13日	杨文英主持召开东馆建设工作会，就东馆市政配套工程设计进行研究	首博：杨文英、张宇、邱春梅、李子祥、国巍松、谭留锦、张践知、任巍、张哿、魏鹏宇 北投集团：刘新宇、赵雪莲、赵梦媛 中建院：王哲宁、朱琳 国咨（北京）规划设计有限公司：王风伟等
164	11月13日	东馆建设办主持召开东馆专题会，中国联通北京分公司来馆分享信息化技术在公共建筑中的应用经验	首博：张宇、邱春梅、孙芮英、李子祥、张哿 中国联通北京分公司：魏扬帆、张秋杰
165	11月17日	杨文英主持召开东馆建设工作会，专题研究东馆广告展示及玻璃幕墙设计工作	首博：杨文英、张宇、邱春梅、李子祥、李丹丹、戚皓、李光远、李赫、魏三钢、武望婷、任巍、张哿、魏鹏宇 副中心工程办：胡紫豪 北投集团：孙佳伟、赵雪莲、安思璇 中建院：郑旭航等
166	11月18日	白杰主持召开东馆建设工作会，就推进东馆建设下一步工作进行研究	首博：白杰、杨文英、张宇、邱春梅、魏三钢、武望婷、任巍、张哿 市文物局：景旭 副中心工程办：胡紫豪 北投集团：陈宏达、胡杰、段继锋、孙佳伟、安思璇 北京城建集团：张晋勋、毛杰、王念念、贾成亮、刘云飞 北京双圆工程监理有限公司：郭劲光、宋向山
167	11月24日	东馆建设办主持召开东馆专题会，相关专业人员来馆分享楼宇自控技术在公共建筑中的应用	首博：张宇、邱春梅、武望婷、任巍、魏鹏宇、张哿 江森自控约克公司：张艺
168	12月1日	杨文英主持召开东馆建设工作会，专题研究东馆电梯工程相关工作	首博：杨文英、张宇、邱春梅、李子祥、王银超、魏三钢、任巍、武望婷、张哿、魏鹏宇 副中心工程办：胡紫豪 北投集团：辛欣、赵雪莲、安思璇 中建院：郑旭航、吕奕玮 北京城建集团：刘进伟 京发招标公司：李丁、光虹鹰

序号	时间	工作内容	参会人员
169	12月2日	东馆建设办主持召开东馆专题会，空调公司专业人员来馆分享暖通空调技术的实际应用	首博：张宇、邱春梅、任巍、武望婷、张骜、魏鹏宇 特灵空调公司：公利山
170	12月2日	杨文英主持召开东馆建设工作会，就东馆建筑泛光照明设计及建筑周边绿化设计进行研究	首博：韩战明、杨文英、张宇、邱春梅、李丹丹、索经令、崔嘉芮、李子祥、张践知、任巍、武望婷、张骜、魏鹏宇 副中心工程办：胡紫豪 北投集团：张江华、赵雪莲、安思璇 中建院：郑旭航、吕奕玮 法铁：石杨、李晨阳 宁之境公司：郭伟、王臻
171	12月3日	东馆建设办主持召开工作会，就东馆信息化设计进行研究	首博：张宇、邱春梅、孙芮英、李陶、林新宇、任巍、武望婷、张骜、魏鹏宇 北咨公司：魏世杰
172	12月4日	北投集团主持召开工作会，就东馆建设项目概算相关工作进行研究	北投集团：段继峰、孙佳伟、赵雪莲、安思璇 首博：杨文英、张宇、邱春梅、任巍、武望婷、张骜、魏鹏宇 副中心工程办：胡紫豪 中建院：郑旭航
173	12月7日下午和12月8日全天	北投集团主持召开三大建筑电梯专题会，邀请专业公司来馆分别介绍电梯设施相关技术参数及在公共建筑中的实际应用案例	北投集团：段继锋、孙佳伟、赵雪莲、安思璇、张大伟 首博：杨文英、张宇、邱春梅、王银超、任巍、武望婷、张骜、魏鹏宇 首图：徐冰 中建院：郑旭航 国家大剧院，京发招标公司，北京建工集团有限责任公司，北京城建集团，中国中铁建工集团有限公司，上海宝冶集团有限公司，中铁十五局集团有限公司，北京挚诚恒远电梯有限责任公司，北京五方安信设备安装有限公司
174	12月9日	东馆建设办主持召开工作会，就东馆信息化设计相关工作进行研究	首博：张宇、邱春梅、孙芮英、李陶、林新宇、任巍、武望婷、张骜、魏鹏宇 北投集团：赵雪莲、赵梦媛、程冲 北投智慧：马广龙 中建院：唐艺、吕奕玮 北咨公司：魏世杰、杜大鹏
175	12月9日	杨文英主持召开工作会，专题研究东馆卫生器具设计相关工作	首博：杨文英、张宇、邱春梅、王银超、任巍、张骜、魏鹏宇 北投集团：赵雪莲、赵梦媛、程冲 中建院：郑旭航、朱琳 法铁：孙大亮
176	12月10日	北投集团主持召开东馆电梯专题会，东南电梯股份有限公司介绍电梯设施相关技术参数及在公共建筑中的实际应用案例	北投集团：赵雪莲、安思璇 首博：杨文英、张宇、邱春梅、李子祥、王银超、任巍、武望婷、张骜、魏鹏宇 中建院：郑旭航 京发招标公司、北京城建集团、东南电梯股份有限公司相关负责人

序号	时间	工作内容	参会人员
177	12月10日	杨文英主持召开工作会，专题研究东馆文保实验室工艺设计相关工作	首博：杨文英、张宇、邱春梅、赵瑞廷、任巍、武望婷、张翯、魏鹏宇 北投集团：赵雪莲、安思璇 中建院：郑旭航
178	12月11日	杨文英主持召开东馆建设工作会，就东馆室内装饰设计、电梯轿厢装饰设计及建筑室外广告设计进行研究	首博：杨文英、张宇、邱春梅、李子祥、王银超、索经令、任巍、魏三钢、张翯、魏鹏宇 北投集团：赵雪莲、安思璇、张诗祎 中建院：郑旭航 法铁：孙大亮
179	12月15日	杨文英主持召开东馆建设工作会，就东馆室内地面铺装设计及共享配套设施与博物馆接驳区域装饰设计进行研究	首博：杨文英、张宇、邱春梅、李子祥、于妍、魏三钢、刘伟男、任巍、武望婷、张翯、魏鹏宇 北投集团：赵雪莲 北京城建集团：刘云飞 法铁：孙大亮、石杨 中建院：郑旭航、吕奕玮
180	12月16日	东馆建设办主持召开工作会，就东馆文保实验室工艺设计相关工作进行研究	首博：张宇、邱春梅、赵瑞廷、刘伟男、任巍、武望婷、张翯、魏鹏宇 北投集团：孙佳伟、张诗祎、吕奕玮 中建院：郑旭航 戴纳公司：韩鑫
181	12月16日	杨文英主持召开东馆建设工作会，专题研究东馆文保功能区域展示工作	首博：杨文英、赵瑞廷、吕梦蝶、王颖竹、孙芮英、张宇、邱春梅、刘伟男、任巍、武望婷、张翯、魏鹏宇 北投集团：程冲、张诗祎 中建院：王哲宁 法铁：石杨 北咨公司：魏世杰、杜大鹏 中国联通：陈莉
182	12月17日	东馆建设办主持召开工作会，就东馆楼宇自控设计、综合布线进行研究	首博：张宇、邱春梅、孙芮英、林新宇、刘伟男、任巍、武望婷、张翯、魏鹏宇 北投集团：安思璇、赵梦嫒 中建院：唐艺、吕奕玮 北投智慧：马广龙 北咨公司：魏世杰、杜大鹏
183	12月18日	东馆建设办主持召开工作会，空调专业技术公司来馆分享空调技术的实际应用	首博：张宇、邱春梅、李子祥、于妍、任巍、魏三钢、张翯、魏鹏宇、胡紫豪 开利空调公司：史策、张志军
184	12月18日	东馆建设办主持召开工作会，就展厅温湿度及有毒有害气体探测相关工作进行研究	张宇、邱春梅、赵瑞廷、冯好、武望婷

序号	时间	工作内容	参会人员
185	12月21日	杨文英主持召开工作会，就东馆开办费、运维费相关工作进行研究	杨文英、张宇、韩进
186	12月22日	东馆建设办主持召开工作会，就东馆配电箱预留位置、水暖电能耗分项计量、汽车坡道优化设计进行研究	首博：王银超、索经令、张宇、邱春梅、任巍、魏鹏宇、张哿 北投集团：张江华、赵雪莲、安思璇、张诗祎 北投智慧：马广龙 中建院：唐艺、郑旭航、常立强、王哲宁、朱琳、汪春华、吕奕玮
187	12月23日	杨文英主持召开工作会，专题研究东馆开办费相关工作	杨文英、韩进、李子祥、周千、张宇、邱春梅、刘伟男、任巍、魏鹏宇、张哿
188	12月23日	杨文英主持召开东馆建设工作会，就东馆共享大厅屋顶结构设计相关工作进行研究	首博：杨文英、张宇、邱春梅、李子祥、刘伟男、魏鹏宇、张哿 北投集团：安思璇、张诗祎 中建院：郑旭航 北京城建集团
189	12月24日	东馆建设办主持召开东馆专题会，建筑材料公司来馆分享橡胶地板在公共建筑中的实际应用案例	首博：杨文英、张宇、邱春梅、戚皓、刘伟男、武望婷、任巍、魏鹏宇、张哿 诺拉建筑材料（上海）有限公司：杨波
190	12月30日	东馆建设办主持召开东馆专题会，相关专业技术公司分享博物馆智慧安全服务相关技术	首博：张宇、邱春梅、刘伟男、任巍 天津恒达文博科技股份有限公司相关负责人
191	12月31日	东馆建设办主持召开视频会，就东馆初步设计概算相关工作进行研究	首博：张宇、邱春梅、刘伟男、韩进、周颖洁、武望婷、任巍、张哿、魏鹏宇 北投集团：赵雪莲、张江华、安思璇、张诗祎 中建院：郑旭航

首都博物馆
年鉴·2020

附 录

1. 荣誉榜

2020 年度馆外获奖（集体）一览表

序号	获奖者	形式	颁奖单位	奖项明细	表彰日期	备注
1	首都博物馆	获奖证书	北京校外教育协会	第十四届（2019）北京阳光少年活动优秀组织奖	2020 年 2 月	
2	首都博物馆	获奖证书	北京校外教育协会	第十四届（2019）北京阳光少年文化科普进校园活动先进集体	2020 年 2 月	
3	首都博物馆	获奖证书	中国博物馆协会、中国文物报社	第十七届（2019 年度）全国博物馆十大陈列展览精品推介优胜奖（展览名称：山宗·水源·路之冲——一带一路中的青海）	2020 年 5 月 18 日	
4	首都博物馆	获奖证书	国家文物局	入选 2020 年度"弘扬优秀传统文化、培育社会主义核心价值观"主题展览征集 重点推介项目（展览名称：1420：从南京到北京）	2020 年 8 月	
5	首都博物馆（物业部）	通告	北京市西城区发展和改革委员会	西城区 2019 年度节能目标责任考核优秀等级	2020 年 11 月 25 日	
6	首都博物馆（宣教部）	获奖证书	中国博物馆协会	2015-2019 年度博物馆研学课程及线路推介活动最佳课程（历史类）（课程名称：中轴线上的城市记忆）	2020 年 11 月	

序号	获奖者	形式	颁奖单位	奖项明细	表彰日期	备注
7	首都博物馆（宣教部）	获奖证书	中国博物馆协会	2015-2019年度博物馆研学课程及线路推介活动最佳线路（线路名称：读城——探秘北京中轴线）	2020年11月	
8	首都博物馆	获奖证书	中央精神文明建设指导委员会	全国文明单位复查合格(经复查合格，继续保留全国文明单位称号)	2020年11月	
9	首都博物馆	获奖证书	吉林省文化和旅游厅	"国风·国韵·国潮"——吉林冬季文博资源博览会最佳展示	2020年12月29日	
10	首都博物馆	通告	首都精神文明建设委员会	首都文明单位标兵	2020年12月	
11	首都博物馆（宣教部）	奖牌	中国科学技术协会	全国科普教育基地（2015-2019年）	2020年	
12	首都博物馆	奖牌	美团·门票	美团、大众点评2020必玩榜 北京必玩景点	2020年	
13	首都博物馆	奖牌	北京市旅游行业协会、北京演出行业协会、北京动漫游戏产业协会	2020首届北京网红打卡地推荐文化艺术类	2020年	

2020年度馆外获奖（个人）一览表

序号	获奖者	形式	颁奖单位	奖项明细	表彰日期	备注
1	田征军	获奖证书	中共北京市东城区委组织部	社区防疫标兵	2020年4月7日	
2	田征军	获奖证书	北京市东城区兄弟帮扶中心	最美抗疫志愿者	2020年4月24日	
3	张　淼	获奖证书	中共北京市委市直属机关工作委员会	市直机关优秀党务工作者	2020年7月	

序号	获奖者	形式	颁奖单位	奖项明细	表彰日期	备注
4	王　江 田征军 刘伟男 李　陶 李　健	获奖证书	北京市文物局	下沉社区防疫先进个人	2020 年 8 月	
5	白　杰 张　靓	获奖证书	北京联合大学 北京学研究基地	第二十二次北京学学术年会优秀论文奖（论文题目：《世界历史名城的中轴线——关于罗马、巴黎、北京的国际比较》）	2020 年 9 月 26 日	
6	张全礼	获奖证书	北京联合大学 北京学研究基地	第二十二次北京学学术年会优秀论文奖（论文题目：《中国古代方形城邑与中轴线的起源探析——以中国新石器时代城邑遗址为例》）	2020 年 9 月 26 日	
7	高叶环	获奖证书	中国科学家论坛 组委会	中国科技创新发明成果（一种多功能装饰磁力贴）	2020 年 9 月	
8	陈　思	获奖证书	中国硬笔书法协会、乐清市文化和广电旅游体育局	第四届"中雁荡山杯"全国大书法作品大赛"入选"奖	2020 年 11 月 12 日	
9	陈　思	获奖证书	北京市文学艺术界联合会、北京书法家协会	书法作品入展"百年序章——第二十届北京书法篆刻精品展暨书法篆刻临帖展"	2020 年 11 月	
10	何秋菊	获奖证书	中国文物保护技术协会、故宫博物院、中国紫禁城学会等	"2020 年全国第一届文化遗产保护青年学者论坛"优秀论文三等奖（论文题目：《传统书画修复材料胶矾水的作用机理及中性铝盐施胶沉淀剂的研发》）	2020 年 11 月	
11	张　淼	获奖证书	北京市西城区防火安全委员会	西城区 2020 年度消防安全工作"先进个人"	2020 年 11 月	

2.领导班子与部门

白　杰：党委书记　　　　　　　　　　靳　非：党委副书记

韩战明：党委副书记、馆长　　　　　　杨丹丹：党委委员、新闻发言人、宣教部主任（至8月）

齐密云：党委委员、副馆长　　　　　　龙霄飞：党委委员、学术委员会秘书长、工会常务副

黄雪寅：副馆长　　　　　　　　　　　　　　　主席

杨文英：副馆长、工会主席　　　　　　彭　颖：党委委员、纪委书记、党建部主任

序号	部门名称		负责人
	全称	简称	
1	办公室	办公室	杜　侃
2	党建工作部	党建部	彭　颖
3	财务法务与招投标管理部	财务部	韩　军（1～8月）吴　明（8～12月）
4	藏品管理与遗产调查部	藏品部	冯　好
5	保护科技与传统技艺研究部	保护部	赵瑞廷
6	国内合作与民族考古研究部	国内部	谭晓玲
7	国际合作与历史文化研究部	国际部	高艳军
8	陈列艺术与创意开发部	陈列部	吴　明（1～7月）李丹丹（7～12月）
9	宣传教育与志愿者工作部	宣教部	杨丹丹
10	开放服务与安全保卫部	开放与安保部	张　淼
11	信息资源管理与出版部	信息部	孙芮英
12	物业与固定资产管理部	物业部	高新峰
临时机构	首都博物馆东馆建设委员会办公室	东馆建设办	张　宇
	首都博物馆企业改革与文创开发领导小组办公室	文创办	刘　平

团委书记：刘伟男

（注：本年鉴中凡涉及馆属各部门均使用简称）

3. 大事记

1月1日，隆重举行新年升国旗仪式。党政班子成员、开放与安保部班子、物业部班子和全体节日值守员工、武警北京总队执勤第三支队执勤第十一中队干警集体列队参加。党委书记白杰和北京首华物业管理有限公司党委书记李忠分别讲话，馆长韩战明开启馆门，迎接新年第一批观众。

1月2日，白杰、韩战明会见应邀来馆交流的瑞金中央革命根据地纪念馆馆长周景春一行并陪同参观，之后双方举行座谈。

1月6日，中国博物馆协会专业委员会座谈会召开，国家文物局副局长关强做重要讲话。白杰代表文创产品专业委员会做大会发言。

1月7日，由首都博物馆、中国出版传媒商报社联合主办，首博文化公司和博物馆亲子教育品牌"耳朵里的博物馆"共同承办的"首届博物馆童书阅读推广系列活动——2019年度博物馆主题优选童书评审会暨博物馆主题童书研讨会"在首都博物馆"阅读空间"举办，北京大学教授宋向光、北京师范大学教育学院副教授姚颖、首都师范大学学前教育学院副教授刘晓晔等专家和阅读推广人就博物馆主题童书出版及教育融合进行研讨并进行案例分享。韩战明为各位专家颁发聘书，党委委员、宣教部主任杨丹丹主持活动并现场发布"2019年度博物馆主题优选童书入选书目"。

同日，韩战明会见宁波市博物馆馆长王力军、副馆长杨丹一行，对兄弟馆在"穿越——浙江历史文化展"中给予的大力支持表示感谢并陪同参观。

1月9日，副馆长黄雪寅应邀赴波兰驻华使馆大使官邸参加新年活动。波兰驻华大使赛熙军对首都博物馆举办波兰主题展览、在春节开展"中波家庭连线"活动、大力支持中波建交70周年系列活动并发挥重要作用表示感谢，希望首都博物馆继续加强与波兰文博界的合作交流。

1月13日下午，由首都博物馆、天津博物馆、河北博物院联合举办的"新起点、新跨越、新梦想"新春联欢会在首都博物馆举行，首都博物馆离退休老干部、老领导和津、冀两馆职工代表及首都博物馆全馆在职员工、驻馆武警近600人参加。由宣教部叶萌填词的歌曲《首博在我心》由30余名新员工首唱。

1月14日下午，赣州市文物局局长兼赣州市博物馆馆长朱小宁一行到馆，与白杰、副馆长杨文英就文物保护利用有关问题进行工作交流。

1月17日上午，由首都博物馆、南京博物院、南京市博物总馆联合主办的"1420：从南京到北京"展开幕，南京市博物总馆馆长曹志军和白杰分别致辞。故宫博物院副院长闫宏斌、首都图书馆党委书记肖维平等参展单位负责人共同出席。韩战明主持开幕式，春节系列活动"博物馆里逛庙会"和2020年重要展讯同时向社会发布。

同日，白杰赴天津博物馆出席"安第斯文明特展——探寻印加帝国的起源"开幕式。期间，拜会秘鲁驻华大使路易斯·克萨达，就推动首都博物馆与秘鲁博物馆界的交流合作达成初步共识。天津博物馆馆长陈卓、秘鲁中央银行博物馆馆长玛丽·德尔毕拉尔·里奥弗里奥·弗洛丽丝、秘鲁驻华使馆公使衔参赞海梅·卡萨弗兰卡、二等秘书伊格纳西奥·巴尔加斯、首都博物馆国际部主要负责人一同参加。

1月18日下午（当地时间），由毛里求斯中国文化中心、首都博物馆、毛里求斯中国传统文化传承与推广协会协议共建的毛里求斯北京会馆，在毛里求斯首都路易港市开馆，以首都博物馆捐赠展品为主，由首都博物馆参与策划的基本陈列"北京人家"展览同时开幕。中国驻毛里求斯大使孙功谊、文化参赞松雁群和毛里求斯前副总统贝勒波、文化部长蒂卢克、国家图书馆馆长哈姆沃特等当地政要和文化机构代表出席开馆仪式和展览开幕式。

1月19日，白杰带队赴西柏坡纪念馆开展"不忘初心、牢记使命"2020年示范教育活动。党委副书记靳非，党委委员、纪委书记、党建部主任彭颖和各部门主任集体参观基本陈列和革命故居，并一同见证白杰和上海历史博物馆馆长胡江、西柏坡纪念馆党委书记王红分别代表三方签署有关三馆共同推出建党百年主题展览的合作协议。

1月22日下午，白杰前往文物保护专家王亚蓉家中看望慰问，代表首都博物馆送上春节祝福，并当面呈送聘任王亚蓉为首都博物馆文物保护利用学科建设首席专家的聘书。

1月23日（腊月二十九）上午，面对迅速变化的防疫形势，领导班子取消当日全部春节慰问安排，白杰主持召开第四次党委（扩大）会议，成立新型冠状病毒感染肺炎疫情防控工作领导小组，白杰任组长，韩战明、副馆长齐密云任常务副组长。会议对春节假期有关工作和人员配备做出应对调整。

同日18时，通过中文官网、微博、微信平台向社会发布春节防控疫情限流开放有关措施。

1月24日（除夕）0时，根据疫情变化情况，再次通过中文官网、微博、微信平台向社会发布暂停开放公告。

1月26日，北京市文物局党组书记、局长陈名杰到馆检查督导疫情防控和节日值守工作，深入安保指挥中心、开放区、库前区、设备层、钥匙房和职工食堂检查防疫措施，听取白杰、杨文英现场工作汇报，慰问在岗值守员工和驻馆武警战士，反复叮嘱戴好口罩，做好值班人员的自身防护，要求首都博物馆落实好市委决策和全市工作部署，并确保信息通畅。

1月26～27日（正月初二至初三），接到返京通知的假日离京探亲、旅游员工迅速行动，陆续返京。截至1月27日（正月初三）24时，离京的56名在编员工中有45人返京，28名劳务派遣员工中有18人返京。党政班子成员和各部门主任、书记全部在京待命。不能按时返京员工均向部门说明了情况并获得批准。

1月29日（正月初五），针对微博舆情，带班馆领导经报主要领导，及时回应、线下沟通并获得理解，较好地应对了舆情。

2月9日，包括首都博物馆东馆在内的城市副中心三大建筑工程全面复工，中共北京市委书记蔡奇到场检查并慰问建设者，要求做到疫情防控与复工复产两手抓。

2月12日，白杰通过防疫指挥网络平台，向党政班子和部门主任传达北京市文物局防控疫情领导小组会议精神，就陈名杰强调的三点内容提出明确要求。

2月25日，党委召开习近平总书记视察首都博物馆六周年纪念座谈会暨第4次党委理论学习中心组（扩大）学习会，重温总书记六年前对首都博物馆的重要指示和嘱托，结合学习总书记在统筹推进新冠肺炎疫情防控和经济社会发展工作部署会议上的重要讲话精神分享学习心得。

同日，官方微信推送纪念习近平总书记视察首都博物馆六周年专辑《听"首博电台"讲习总书记品鉴过的那些镇馆之宝》。

2月28日，北京市委宣传部常务副部长赵卫东、陈名杰到馆检查督导疫情防控工作，深入安保执勤岗位和职工食堂检查防疫落实，在安保指挥中心了解整体防控措施，听取白杰、韩战明现场工作汇报。

同日，白杰、韩战明采取"四不两直"方式

分别到西红门库房和处于在建停工状态的房山库区检查防疫与值守工作，送去防疫物资和消毒用品，对坚持在岗值守的员工表达慰问和感谢。

3月6日，赵卫东主持召开北京市新冠肺炎疫情防控物证资料征集工作会，进行工作部署并提出明确要求，陈名杰出席，白杰、黄雪寅和藏品部主要负责人参加。

3月18日，通过官方微信公众号和网站、微博平台向社会发布征集公告，广泛征集新冠肺炎疫情防控各类物证资料。

3月27日，北京市扶贫协作和支援合作工作领导小组办公室副主任姚忠阳到访，与白杰就对口支援和田、拉萨、玉树有关工作进行对接。

4月2日上午，中共北京市纪律检查委员会、北京市监察委员会（简称"市纪委、市监委"）一室副主任翟军带队到馆检查防疫工作，现场听取白杰、韩战明工作汇报并给予充分肯定。北京市文物局党组成员，市纪委、市监委驻市文物局纪检监察组组长滕修展和一室有关负责人、驻北京市文物局纪检监察组人员参加。

4月3日下午，白杰签署《首都博物馆与莫斯科博物馆合作备忘录》，这是首都博物馆与莫斯科博物馆在疫情期间以网络交互形式分别签署的国际合作协议。

4月4日（清明）5时54分，在北广场举行下半旗仪式，10时整在礼仪大厅举行集体默哀仪式，与全国人民一道表达对抗击新冠肺炎疫情牺牲烈士和逝世同胞的深切哀悼。

4月8日，馆外库房建设项目正式复工。

4月10日，陈名杰与北京城市副中心投资建设集团有限公司（简称"北投集团"）党委书记、董事长李长利座谈，就首都博物馆东馆建设等合作项目深入交换意见。东馆建设办主要负责人参加。

4月21日，北京市委宣传部副部长王杰群

到首都博物馆东馆建设工地实地调研督导，听取北投集团董事长李长利和白杰的工作汇报。

同日，市纪委、市监委一室副主任翟军带队到首都博物馆东馆建设工地现场检查施工单位防疫落实情况，听取北投集团和北京城建集团有限责任公司（简称"北京城建集团"）项目负责人关于防疫措施落实的汇报，白杰陪同参加。

4月23日上午，白杰拜访北京市政协秘书长严力强，就依托市政协平台展示北京历史文化、服务政协委员和全市统战工作进行会商。

4月29日，国务院发展研究中心东方文化与城市发展研究所所长刘理晖到馆拜访白杰，就与首都博物馆开展战略合作，共同开展博物馆发展研究并为首博科学决策提供咨询服务进行会商，达成初步共识。

同日，白杰带队赴北京市政协，与副秘书长李丽风就落实市政协领导指示精神，构建政协文化文物展示平台工作进行对接。

同日，《首都博物馆有序恢复开放公告》正式向社会发布。

5月1日，首都博物馆在经历98天闭馆后恢复开馆。当日947名观众均实名预约参观，实际到馆866人。全体开放一线员工热情服务观众，严格遵守防疫规程，受到观众和社会公众好评。北京日报、北京电视台等媒体进行了现场采访。

同日，王杰群和陈名杰到馆检查疫情防控和假日开放工作，白杰、杨丹丹汇报有关工作。

同日，中共北京市西城区委员会副书记、区长孙硕到馆检查疫情防控和假日开放工作，白杰、韩战明汇报有关工作。

5月6日，北京市副市长杨斌以"四不两直"方式到馆检查指导有序开放和防疫安全落实情况，调研恢复开放整体运行，现场听取白杰的工作汇报，就坚持防疫不松懈、确保安全无死角和加强预约参观管理、服务观众全流程做出具体指示。北京市政府副秘书长程建华和北京市文物局副局长王翠杰一同参加。

5月14日上午，福建博物院院长吴志跃来馆，与白杰、韩战明进行工作交流，并参观"1420：从南京到北京""穿越——浙江历史文化展"。杨丹丹和两馆对口部门负责人一同参加。

5月15日，北京新冠肺炎疫情防控工作领导小组指导组以"四不两直"方式到馆检查防疫工作。靳非汇报有关工作，当日值班主任和开放与安保部负责人参加。

同日，西城区委副书记张立新来馆调研，与白杰、靳非进行工作交流。

5月17日，"我和博物馆"系列活动首场线下分享会在礼仪大厅举办。

同日，举办"壮丽北京——讲给孩子听的北京中轴线"主题线上分享活动，带领青少年线上观看"读城——探秘北京中轴线"展，将"读城"系列展览通过互联网推荐给广大亲子家庭。首期观众超过9万人次，互动留言2000条。

5月15～17日，联合"快手APP"继续推出"纸·鼠于你"立体纸创嘉年华线上直播系列活动。自4月25日首播，5场直播的总观众数达132万人次，受到社会好评。

5月18日，国际博物馆日之际，"山宗·水源·路之冲——一带一路中的青海"展获第十七届（2019年度）全国博物馆十大陈列展览精品推介优胜奖。"读城"系列社会教育产品和服务作为优秀作品入选南京博物院"水韵华章——博物馆文化创意设计展"。北京电视台于当日《北京新闻》进行报道，王翠杰、韩战明出席相关活动。

同日，参与国际博物馆信息中心（IMO）联合新华网客户端举办的"518云上盛典——博物馆直播接力"活动，黄雪寅通过网络直播在"古都北京·历史文化篇"展厅现场导览，181万人次云观展。

同日，滕修展到馆督查服务全国两会保障任务落实情况，并检查日常防疫工作和垃圾分类工作。白杰、齐密云现场汇报。

5月26日，与国务院发展研究中心东方文化与城市发展研究所签署战略合作协议，白杰和研究所所长刘理辉分别代表双方签字，并见证韩战明和副所长李晨签署开展课题研究合作协议。靳非、学术委员会秘书长龙霄飞、彭颖出席。

6月1日，北京市文学艺术界联合会党组书记陈宁、副书记刘开阳到馆，就举办纪念北京市文联70周年展览与白杰、韩战明现场对接。

6月2日，与中国出版传媒商报社联合举办"2020博物馆主题童书发展现状和趋势"线上云论坛，累计观众达134万人次。

6月9日，河南省人民政府研究室副巡视员李煊一行到馆，就博物馆建设、运行管理及公共服务与白杰、韩战明、齐密云、黄雪寅、杨文英进行座谈交流。

6月10日，北京汽车集团有限公司新能源营销部总监曹斌一行到馆，就发挥首都博物馆平台作用、助力北京品牌推广、挖掘城市文化与白杰、杨丹丹深入交换意见。

6月12日，抗疫专题纪录片《我们在一起》光盘捐赠仪式在馆举行。北京广播电视台副总编辑艾冬云和中共北京市东城区委常委、宣传部部长赵海英代表北京广播电视台和东城区委区政府将《我们在一起》4集纪录片光盘捐赠给首都博物馆收藏，白杰颁授捐赠证书，三方就纪录片拍摄过程、物证利用等进行座谈交流。当晚，《北京新闻》节目对此进行专题报道。

同日，中共北京市丰台区委机关工委第二党建协作组一行26人来馆学习调研，龙霄飞代表党委欢迎丰台区机关工委副书记何勤兰、北京汽车博物馆党总支书记刘月英来馆，党建部负责人陪同参观。

6月28日，陈名杰出席首博庆祝中国共产党成立99周年暨习近平新时代中国特色社会主义思想历程学习分享会，白杰汇报首都博物馆开展《习近平的七年知青岁月》《习近平在正定》《习近平在厦门》《习近平在宁德》四本书学习活动的基本情况。陈名杰讲话。

6月，新冠肺炎疫情防控物证资料征集工作专班接收了国务院国有资产监督管理委员会下属国有企业、首钢集团有限公司、中共北京市委市直属机关工作委员会武汉临时党支部、西城和密云两区区委宣传部、北京广播电视台、北京新冠肺炎疫情防控工作领导小组下属社会稳定工作组等机构捐赠的物证资料1000余件（套）。同时协助北京市医院管理中心完成市属医院物证资料的集中工作，完成全部社会捐赠入选通知工作，为7月征集入藏做好准备。截至6月底，接收疫情防控物证资料3351件（套），其中实物物证583件（套）。

"七一"前夕，为助力脱贫攻坚、促进民族团结，团委与新疆喀什地区伽师县玉代克力克乡英买里村启动友好共建活动，将馆内30位员工参与募集的爱心捐款3000元和童书、文具、展览图录、科普图书等爱心物资699件（套）运往英买里村，在村图书室建起"首博阅览角"，丰富村民业余文化生活，为儿童提供爱心帮助。

7月1日，北京市委常委王宁到基层党建联系点——首都博物馆，代表市委亲切看望和慰问坚守岗位的党员和员工，并调研指导基层党建和疫情防控工作。

同日，白杰通过网络平台发表致全馆党员的公开信，传达王宁代表市委对首博人的问候与祝福，向5位代表首都博物馆下沉社区的党员表达敬意，向全体首博人发出不忘初心、坚守理想，在首都博物馆第三次创业之路上继续阔步前进的号召。

7月8日，在陈名杰的推动和见证下，首都博物馆与北京出版集团签署战略合作协议。北京出版集团党委书记、董事长康伟出席签约仪式，白杰和北京出版集团党委副书记、副董事长、总经理曲仲代表双方签约。

7月9日，北京市委常委、宣传部部长杜飞进主持召开2020年第112次市委宣传部专题会议，在听取首都博物馆本馆与东馆展陈体系方案汇报后指出：首都博物馆办馆方向要以策展为核心，随着东馆建设的推进，两个馆址的展陈要一体规划、各有侧重，要将首都博物馆的策展优势继续发挥好。王杰群、陈名杰、白杰和首都博物馆有关专家参加。

7月14日，首都博物馆、北投集团、北京城建集团联合开展庆祝建党99周年支部共建活动。

7月17日，白杰走访中国社会科学院考古研究所，就启动局、所战略共建合作与副所长朱岩石深入交换意见。

7月30日，观复博物馆创始人马未都一行应邀到馆参观"1420：从南京到北京"展。白杰、韩战明陪同参观并与马未都座谈。

7月31日，中国外文局副局长、总编辑高岸明带队到馆调研，与白杰就相互整合资源、共同服务国家战略充分交换意见。

8月1日，白杰、韩战明、齐密云在教导员王力军的陪同下，前往驻馆武警营区看望全体指战员，共庆"八一"建军节。

8月5日，白杰、韩战明赴北京京煤集团有限责任公司，实地调研工业遗址、乡村旅游与博物馆文创结合有关问题，与京煤集团副总经理于良座谈交流。

8月6日，国务院发展研究中心东方文化与城市发展研究所所长刘理晖主持召开"首都博物馆对北京城市发展贡献度评估"课题中期研讨会，白杰、韩战明、黄雪寅、龙霄飞、李晨和双方课题组成员一同参加。

8月7日，白杰、韩战明邀请上海陆鼎集团董事长谭启钰、中薯粮（北京）农业科技有限公司董事长马达飞到馆，就文创发展的市场形势与首都博物馆文创"十四五"规划座谈交流，听取企业界专家意见。

8月11日，白杰、杨丹丹就品牌建设与文创开发到机械工业出版社调研，并与社长李奇及其团队座谈。

8月13日，《博物院》杂志合作办刊四方主要负责人齐聚河北博物院，系统总结"十三五"时期工作，就杂志未来发展和制定"十四五"时期发展规划研讨。白杰、黄雪寅与科学出版社林鹏、石强、闫向东，河北博物院罗向军、徐艳红，天津博物馆梁淳久、王建平等共同参加。

8月15日，石景山区文化中心落成开放，首博"蓟下博谈·公众课堂"石景山区分场同日启动，藏品部研究馆员冯好做《北京的青铜时代》首场讲座，观众满额预约，反响热烈。白杰和石景山区副区长周西松到场祝贺，韩战明与石景山区文化和旅游局局长王亚迅签署馆地战略合作协议。

8月17日，秘鲁驻华大使路易斯·克萨达到访，白杰、韩战明、黄雪寅接待来宾并陪同参观。双方就2021年举办安第斯文明主题展览达成共识，为加强首都博物馆与南美洲博物馆同行开展交流合作深入交换意见。

8月21日，由首都博物馆和上海市历史博物馆（上海革命历史博物馆）、中共一大会址纪念馆、西柏坡纪念馆、河北博物院联合策划的"纪念建党百年主题展览"首站在上海市历史博物馆开幕。上海市委宣传部副部长潘敏出席，上海市文化和旅游局（文物局）副局长褚晓波主持。白杰、

罗向军等五馆主要负责人参加。

8月23日，受陈名杰委托，白杰拜会绍兴市委书记马卫光，就绍兴市与北京市文物局、首都博物馆开展文化创意合作，面向世界传播中华优秀传统文化深入交换意见。

8月26日，浙江省副省长成岳冲到馆参观考察。白杰、韩战明介绍有关情况，陪同参观展览。浙江省文物局局长柳河及黄雪寅、杨丹丹一同参加。

8月27日，中国第一汽车集团有限公司党委常委、副总经理孙志洋一行来馆，与白杰、韩战明就开展品牌合作探讨交流。

8月28日，恭王府博物馆党委书记、馆长冯乃恩带领党政班子集体来馆交流，就博物馆运营管理和公众服务等进行座谈。

同日，湖南省龙山县里耶古城（秦简）博物馆馆长周东征、副馆长朱家司到馆拜访白杰、韩战明，就里耶馆开展建馆10周年庆祝活动和"十四五"时期提高建设水平寻求支持。

9月1日，"和你在一起——北京市文联成立70周年成就展"在馆开幕。陈名杰和市文联党组书记陈宁共同出席并致辞。展览共展出1500张照片、30个视频资料、150余件实物，系统梳理了北京文艺70年的发展历程。白杰、齐密云参加开幕仪式。

9月2日，天津市规划和自然资源局党委委员、副局长兼国家海洋博物馆筹建办公室党总支书记、主任黄克力一行来馆，与白杰、韩战明就两馆开展战略合作、加强资源整合座谈交流。

9月3日，白杰赴香山革命纪念馆，与纪念馆常务副馆长徐中煜就加强两馆近现代藏品合作研究，共同保护革命文物和传播首都红色文化座谈交流。

9月5～9日，参加中国国际服务贸易交易会暨第十五届北京文博会。王杰群、国家文物局

副局长胡冰、陈名杰及市文物局理论学习中心组成员等先后莅临指导。

9月7日，上海自贸区管委会原主任李兆杰、上海自贸区国际文化投资发展有限公司董事长胡环中、总经理蒋名未一行来馆，与白杰、韩战明、杨丹丹就文创开发合作和推动文博国际化话题深入交换意见。

9月8日，白杰与北京天鸿控股（集团）有限公司董事长柴志坤分别代表双方签署战略合作协议，就通过战略携手、共同助力北京文化产业发展形成共识。签约后，天鸿集团党政班子集体参观古代书法、绘画、玉器艺术精品展，白杰、韩战明、靳非、杨丹丹、彭颖陪同。

9月12日，全面恢复周六延时开放服务。中国社会科学院学部委员刘庆柱以"古都北京中轴线历史内涵"为题做学术讲座。

同日，联合北京出版集团在礼仪大厅举办"博物馆主题童书亲子阅读之夜首场发布会"活动，北京出版集团总编辑李清霞、有关专家学者郗志群、崔岱远和白杰、韩战明、杨丹丹参加。

9月18日，中国博物馆协会第七次会员代表大会召开，大会选举产生了第七届理事会，白杰当选副理事长，黄雪寅当选常务理事。

9月20日，北京市老领导范远谋到馆参观"祝福祖国祝福北京"群众摄影展。白杰陪同参观并汇报有关工作。

9月21日，杜飞进、北京市委宣传部副部长赵磊、徐和建和北京市文物局副局长向德春在"2020北京国际设计周"开幕活动上一同见证首博接收北京设计学会捐赠30件抗疫主题优秀招贴设计作品，白杰代表首都博物馆接受捐赠。

9月22日，党政班子集体走访中央戏剧学院东城校区，参观实验剧场和传统戏剧数字化高精尖研究中心，听取学院院史介绍。双方围绕传承红色基因、坚定文化自信进行座谈，白杰和中央

戏剧学院院长郝戎共同签署双方战略合作协议。

9月25～26日，由市文物局指导、北京学研究基地与首都博物馆共同主办的"北京中轴线内涵挖掘与文脉传承——第二十二次北京学学术年会"在北京联合大学召开，陈名杰出席并致辞。韩战明参加，张靓、张全礼做学术发言。

9月27日，国家文物局局长刘玉珠到馆参观"文物的时空漫游——腾讯'互联网＋中华文明'数字体验展"，实地调研指导文博展示创新。国家文物局博物馆司司长罗静、腾讯北京公司总经理刘勇和白杰、靳非陪同调研并汇报有关工作。

9月27～29日，韩战明赴中国（海南）南海博物馆，与馆长辛礼学就出水文物的修复与藏品保护工作和展示手段的新科技运用进行交流，实地调研座谈，并为首都博物馆参与借展的"龙行万里——海上丝绸之路上的龙泉青瓷"展开幕致辞。

9月28日，北京社会主义学院（北京中华文化学院）副院长胡佳颖一行来馆，与白杰就启动双方战略合作进行工作对接，就互为学术支撑、互为培训基地、整合资源支持民族地区文博发展和巩固脱贫攻坚成果、联合开展港澳台相关工作等达成共识。

9月29日，中央精神文明建设指导委员会办公室党支部在首都博物馆举行"中央文明办志愿服务队成立仪式"。中宣部机关党委副书记安立春出席，陈名杰通报北京地区博物馆事业发展情况，白杰汇报首都博物馆开展志愿服务工作情况并陪同进行实地调研，北京市文物局信息中心主任祁庆国、靳非一同参加。

10月1日，"大美北京——庆祝中华人民共和国成立71周年"暨"我们的中国梦·中华文化耀和田"首都文化月活动在和田地区博物馆开幕，北京市文物局援疆和田文博培训基地和首都博物馆和田分馆挂牌仪式同时举行。陈名杰和北京援

疆和田指挥部党委书记、指挥、和田地委副书记丁勇，和田地委委员、宣传部部长张建等一同出席，共同见证白杰与新疆和田地区文化体育广播电视和旅游局党组成员、副局长张化杰签署首博与和田地区博物馆对口支援战略合作协议。

10月3日，白杰陪同陈名杰赴新疆喀什地区伽师县玉代克力克乡英买里村，实地走访慰问两户贫困家庭，为全村少年儿童捐赠童书并实地调研"首博阅览角"运行情况。

10月19日，杨斌就"十四五"发展规划到馆视察调研，听取白杰、韩战明工作汇报。

10月20日，由中国保利集团、中信集团、中国农业银行、首开集团等单位工会主办的"扶贫攻坚之路摄影展"巡展在馆首展开幕，国务院扶贫办社会扶贫司司长曲天军到场祝贺，中国保利集团党委常委、总会计师傅俊元和白杰分别致辞。

10月22日，首都博物馆与北京社会主义学院（北京中华文化学院）签署战略合作协议，白杰与学院党组书记吕仕杰分别代表双方签字，陈名杰到馆见证。

10月28日，白杰、杨丹丹邀请北京广播电视台副总编辑艾冬云一行来馆，就IP资源整合、完善公众服务、共同打造网红打卡地进行座谈。

11月1日，由首都博物馆和国家博物馆、天津博物馆、河北博物院共同策划的大运河主题展览"舟楫千里——大运河文化展"在国家博物馆开幕。展览共展出170件（套）展品，辅以多个数字影像和互动项目，系统展示大运河的开凿历史、通航功能、漕运管理、工程技术和非物质文化遗产。

11月2日，湖北省文化和旅游厅党组成员、副厅长段天玲专程拜访白杰，代表湖北省文博工作者对首都博物馆在抗疫期间向湖北省博物馆支援食品物资表示感谢，并请白杰转达对陈名杰和

首都文博工作者的敬意。

同日，孔子学院组织即将赴任的中方院长来馆进行岗前培训。

11月7日，湖南省人大常委会副主任、湘西州委书记叶红专在里耶古城（秦简）博物馆为首都博物馆龙山分馆揭牌，并观看首都博物馆祝贺里耶馆建馆十周年特展"鼎立千秋——鼎与简的对话"。白杰代表北京市文物局和首都博物馆，与湖南省文物局副局长王志杰、龙山县委书记刘冬生一同出席并分别致辞。

11月9日，"学习五中全会，谋划文博行动"馆长座谈会在馆召开，韩战明主持会议。南京博物院院长龚良、河北博物院院长罗向军、山西博物院院长张元成、湖北省博物馆馆长方勤、湖南省博物馆馆长段晓明、四川博物院院长韦荃、甘肃省博物馆馆长贾建威、天津博物馆党委副书记张玲、辽宁省博物馆党委书记刘宁、重庆中国三峡博物馆副馆长唐昌伦、浙江省博物馆副馆长蔡琴、河南博物院副院长张得水、苏州博物馆馆长陈瑞近应邀与会。会议就贯彻落实十九届五中全会精神，共议"十四五"中国文博面临的机遇与挑战，共谋推进中国文博整体发展的行动重点。

11月11日，作为首都博物馆的品牌活动，第五届"博物馆约会夜"青年交友活动在礼仪大厅举办。活动由首都博物馆党委、市文物局团委指导，首都博物馆团委联合月坛街道、首开集团、保利集团团组织共同主办，在青年群体中引发热烈反响。

同日，黄雪寅代表首博赴波兰驻华使馆，出席波兰驻华大使赛熙军举行的波兰国庆招待会。

11月14日，大运河博物馆联盟在南京成立，韩战明作为共同发起单位代表与会。大运河沿线33家博物馆通过《大运河博物馆联盟章程》并签署《大运河博物馆联盟协同发展协议》。

11月17日，北京市市长陈吉宁主持召开第92次市政府常务会议，研究"关于报审城市副中心剧院、图书馆和首都博物馆东馆建设工程项目建议书（代可行性研究报告）"事宜，批准立项。王翠杰、白杰在市文物局分会场参加会议。

11月19日，韩战明赴意大利驻华使馆，出席意大利驻华大使方澜意举行的中意建交50周年庆祝招待会。

11月25～26日，白杰、龚良、陈瑞近共同在苏州主持召开四馆新馆建设问题分析会，结合首都博物馆东馆、上海博物馆东馆、苏州博物馆西馆和中国大运河博物馆在施工建设中的问题处理及经验教训进行分享，并实地调研苏州博物馆西馆建设工地。

11月27日，白杰、杨文英赴战略合作馆南通博物苑走访交流，实地学习习近平总书记调研南通博物苑时的重要指示，并瞻仰张謇故居，与苑长杜嘉乐、书记顾翔等就进一步巩固"十三五"期间两馆战略支撑关系，推进"十四五"携手共进深入交换意见。

12月2日，国家文物局在辽宁省博物馆召开"弘扬中华优秀传统文化，培育社会主义核心价值观"主题展览座谈会，关强出席并讲话。这是国家文物局首次就博物馆展览工作召开专题会议，会议对"1420：从南京到北京"等20个展览进行了重点推介。白杰代表北京市文物局和首都博物馆参加会议。

同日，黄雪寅会见秘鲁大使馆公使海梅·卡萨弗兰卡、二等秘书伊格纳西奥·巴尔加斯，就2021年秘鲁主题展览有关事宜进行会谈。

12月4日，"马可·波罗笔下的'树皮'和'偶像'——首都博物馆馆藏元代货币及藏传佛教造像艺术展"在市政协委员文化交流厅开幕。北京市政协主席、党组书记吉林出席并致辞，副主席杨艺文、林抚生、燕瑛，秘书长严力强一同出席，

韩战明导赏展览。

12月4日，党政班子集体赴北京城市副中心调研东馆建设进度。北投集团重大项目总监、三大建筑项目部总经理陈宏达和北京城建集团项目经理贾成亮全程陪同并讲解首都博物馆东馆施工情况。

12月9日，白杰走访上海大学，拜访大学党委副书记段勇和博物馆馆长李明斌、社会学院党委书记沈艺，就馆校科研合作和《博物院》杂志发展交换意见。

12月10日，北京市政协在馆召开学习委员会第四季度委员学习座谈会，副主席牛青山出席。韩战明一同参加并导赏"读城——探秘北京中轴线"展。

同日，北京奥运城市发展促进中心党组书记、主任付晓辉带队来馆考察博物馆建设与运营。东馆建设办主要负责人介绍有关情况。

12月16日，北京市副市长卢彦到馆视察并调研"读城——探秘北京中轴线"展，白杰、杨丹丹陪同并汇报有关工作。

12月18日，由首都博物馆和南京博物院、南京市博物总馆共同主办的"1420：从南京到北京"展移师南京再次展出。南京市博物总馆党委书记许强主持开幕活动，南京市副市长胡万进、江苏省文化和旅游厅博物馆处处长车宁出席，韩战明和南京市文化和旅游局局长金卫东、南京博物院院长龚良分别致辞。陕西历史博物馆、河南博物院、浙江省博物馆和西安、洛阳、开封、杭州四个古都城市博物馆主要负责人共同见证展览开幕。

12月19日，《古都博物馆战略合作框架协议》签署仪式暨"古都——历史文化传承创新"座谈会在南京市博物总馆举行。协议由首都博物馆、南京博物院、南京市博物总馆共同发起，韩战明等10家博物馆的主要负责人共同签署协议

并在座谈会上分别做主旨发言。

12月22日，"龙马精神海鹤姿——马连良先生诞辰120周年纪念展"开幕。中国戏剧家协会主席濮存昕、北京市文化和旅游局二级巡视员马文，马连良嫡孙、北京马连良艺术研究会执行总监马龙和韩战明分别致辞。

同日，全国政协副主席卢展工到馆参观"龙马精神海鹤姿——马连良先生诞辰120周年纪念展"。

同日，王宁到馆接见马连良后人，并一同参观"龙马精神海鹤姿——马连良先生诞辰120周年纪念展"。白杰、韩战明、杨文英参加。

同日，河南省委常委、宣传部长江凌，省文物局局长田凯一行来馆调研，韩战明汇报有关情况并陪同参观"读城——探秘北京中轴线"和"古代瓷器艺术精品展"。

12月26日，吉林省委书记景俊海专程到"国风·国韵·国潮"——吉林冬季文博资源博览会首都博物馆展区参观，详细听取首都博物馆文创办主要负责人汇报首都博物馆展讯和文创发展，并祝福首都博物馆越办越好。北京冬奥组委专职副主席、秘书长韩子荣陪同参观。